VENTE DU MARDI 20 MAI 1930
(HOTEL DROUOT)
Me F. LAIR DUBREUIL, commissaire-priseur.

---

# CATALOGUE
## D'UNE TRÈS BELLE COLLECTION
DE
# RECUEILS DE COSTUMES
XVIIIe ET DÉBUT DU XIXe SIÈCLE
AQUARELLES ORIGINALES
APPARTENANT
## A M. LE VICOMTE J. DE JONGHE

PARIS
L. GIRAUD-BADIN
Libraire de la Bibliothèque Nationale
et de la Bibliothèque de l'Arsenal
128, BOULEVARD SAINT-GERMAIN, 128

1930

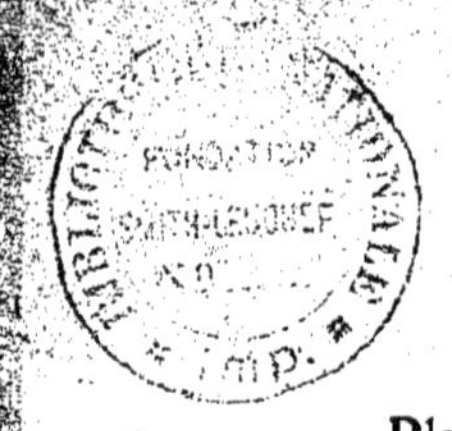


# ERRATA

| | | | |
|---|---|---|---|
| Planche n° 50. | . . . . . | lire n° 51. |
| — n° 55. | . . . . . | — n° 56. |
| — n° 61. | . . . . . | — n° 62. |
| — n° 72. | . . . . . | — n° 74. |
| — n° 76. | . . . . . | — n° 78. |

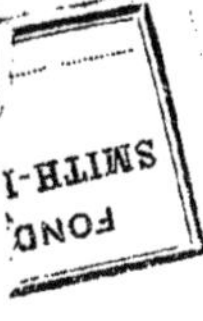

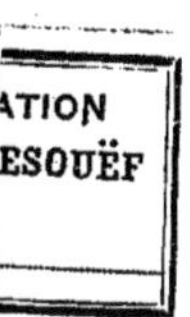

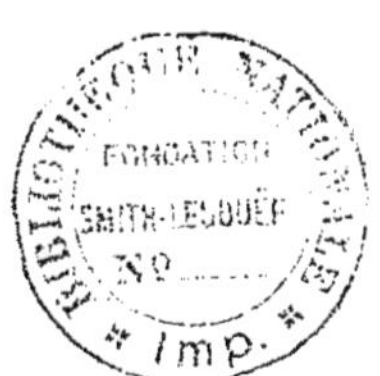

# CATALOGUE

# DE RECUEILS DE COSTUMES

LA VENTE AURA LIEU

*Le Mardi 20 Mai 1930*

*à 2 heures précises*

HOTEL DES COMMISSAIRES-PRISEURS, 9, RUE DROUOT

Salle n° 8.

par le ministère de Me F. LAIR DUBREUIL, commissaire-priseur

6, RUE FAVART, 6

assisté de M. L. GIRAUD-BADIN,

Libraire de la Bibliothèque Nationale
et de la Bibliothèque de l'Arsenal

128, BOULEVARD SAINT-GERMAIN, 128

## CONDITIONS DE LA VENTE

La vente se fait au comptant.

Les acquéreurs paieront 14 pour 100 en sus des enchères et 19,50 pour 100 pour les recueils classés dans la catégorie des ouvrages de luxe.

Les livres vendus devront être collationnés dans les vingt-quatre heures de l'adjudication. Passé ce délai, ils ne seront repris pour aucune cause.

M. L. GIRAUD-BADIN se réserve la faculté, dans l'intérêt de la vente, de réunir ou de diviser les numéros du catalogue. Il remplira, aux conditions d'usage, les commissions qu'on voudra bien lui confier.

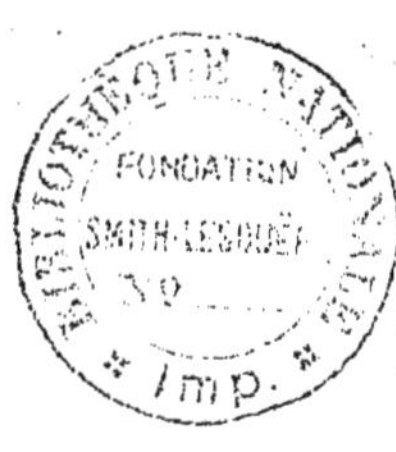


# CATALOGUE
## D'UNE TRÈS BELLE COLLECTION

DE

# RECUEILS DE COSTUMES

XVIII^e^ ET DÉBUT DU XIX^e^ SIÈCLE

AQUARELLES ORIGINALES

APPARTENANT

A M. LE VICOMTE J. DE JONGHE

PARIS
L. GIRAUD-BADIN
Libraire de la Bibliothèque Nationale
et de la Bibliothèque de l'Arsenal
128, BOULEVARD SAINT-GERMAIN, 128

1930

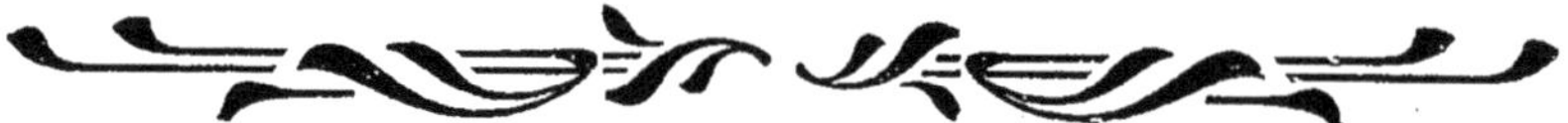

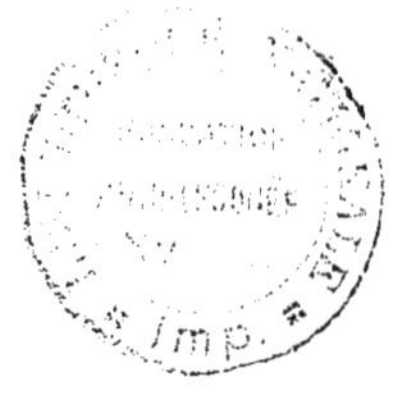

Suivant la loi fatale des choses qui nous amène à disperser, après quelques générations, ce que l'une d'entre elles avait réuni après de patientes recherches, cette collection de recueils en couleurs sur les Modes et le Costume qu'il serait difficile, sinon impossible, de reconstituer aujourd'hui, va subir le feu des enchères.

La plupart des ouvrages de cette bibliothèque proviennent du XVIIIe et du premier tiers du XIXe siècle, époque la plus fastueuse des atours et du costume.

Le luxe des toilettes de la Reine Marie-Antoinette est trop connu pour y revenir ici.

Les pamphlets parus à ce moment, et auxquels, d'après les documents parvenus jusqu'à nous, peut être attribuée en partie l'impopularité de la Reine, firent état de ses grandes dépenses pour sa garde-robe qui fut vraiment d'un luxe inouï.

C'est à cette époque que parurent les plus beaux recueils tels que le *Cabinet des Modes*, la *Gallerie du Costume Français*; la rare suite du *Costume François* de Mondhare, le *Costume des Dignités* de Duflos, les *Habillements Anciens* de Thomas Jefferys, et le fameux *Journal des Dames et des Modes*, édité par la Mésangère; cette dernière publication continua à paraître après des interruptions bien avant dans le XIXe siècle.

Vu leur coût élevé pour l'époque, ces publications parurent en livraisons, et, ce qui en fait la rareté, peu d'entre elles survécurent à la Révolution et aux époques du Directoire et de l'Empire.

Il est bien rare de voir passer en vente de nos jours un exemplaire complet de ces publications en bel état.

Parmi les recueils réunis dans cette collection et datant de la première moitié du XVIII^e^ siècle, les *Habillements du Levant* de Le Hay, en couleurs, sont d'un beau coloris; un curieux recueil des mineurs et des fondeurs paru à Nuremberg est également intéressant.

A l'époque de Louis XVI, les deux exemplaires en noir et en couleurs des 200 premières planches de la *Gallerie du Costume Francais* méritent de retenir l'attention. L'exemplaire non rogné, en noir, est du premier tirage, l'exemplaire en couleurs, à toutes marges, contient le texte, le grand et le petit frontispice très rare, ne figurant pas dans la reproduction bien connue. La suite des 192 planches d'une grande finesse est, selon toute vraisemblance, l'unique suite de cahiers coloriés entièrement de la main de M^me^ Lebeau, artiste qui enlumina les premières planches du *Cabinet des Modes*.

Les publications de modes sous Louis XVI eurent un tel succès que, ne suffisant pas à la besogne, M^me^ Lebeau dut engager des collaboratrices.

La Révolution la trouva à la tête d'un important atelier qu'elle ne faisait plus que diriger ; par ce fait même, le temps faisant défaut, les derniers cahiers furent moins soigneusement exécutés.

Le *Duflos,* à toutes marges, d'une grande fraîcheur de coloris, est complet avec 367 planches ; la plupart des exemplaires en contiennent environ 350.

Les 2 premiers volumes des *Habillements* de Jefferys sont

du premier tirage et comprennent la série des costumes anglais.

Deux recueils de costumes populaires sont d'une grande rareté : l'un, de Lasinio, contemporain de Dagoty en France ; cet artiste florentin fut le premier en Italie à graver en couleurs, et avec quel succès, on pourra l'apprécier en feuilletant cette suite où défilent, si fidèlement représentés, des mendiants dont on rencontre encore parfois quelques types de nos jours ; l'autre, œuvre de Brand, représente les petits métiers des rues de Vienne, avec l'atmosphère du proche voisinage de l'Orient.

Le *Cabinet des Modes,* complet en quatre volumes non rognés, est un très bel exemplaire, ainsi que le *Journal des Dames et des Modes* qui en est la suite, et pratiquement complet en 84 volumes.

Le premier volume, dont 4 planches sont reproduites au catalogue, portant la date de 1797, est rarissime. Il ne figure ni à la Bibliothèque Nationale, ni à celle de l'Opéra.

Paris donnant le ton, les autres pays copièrent ces publications et l'on vit paraître en Italie le *Giornale delle Nuove Mode* et en Hollande le *Cabinet van Mode en Smaak,* qui tous figurent dans cette collection.

Sous le Directoire et l'Empire les Modes se simplifièrent. Le recueil à toutes marges du *Costume français,* contenant les portraits de Joséphine et du Premier Consul ainsi que les trente planches si caractéristiques des *Incroyables et Merveilleuses* de Vernet, sont d'une fraîcheur exceptionnelle.

Le portefeuille de planches de Godefroy avec la suite des Armées Alliées à Paris contient les 2 planches non ébarbées : *Le Premier pas d'un jeune officier Cosaque au Palais Royal* et celle, si rare : *les Adieux du Palais Royal ou les suites du Premier pas.*

Les costumes suisses sont représentés par six aquarelles d'une fine exécution par l'artiste bernois Wisard ; la suite complète dans sa reliure originale en maroquin des 40 planches non remontées de Reinhardt, dont chacune forme un petit tableau, est particulièrement à signaler. Le petit recueil publié à Londres chez Gilling d'après Reinhardt y figure aussi.

Parmi les albums russes, la suite complète des 50 planches de *Costumes Polonais* par Debucourt s'y trouve dans une reliure de Rivière, de Londres ; les *Cris de Saint-Pétersbourg* de Geissler ; l'amusant recueil de Pluchard et la suite des *Russian Cries* d'Orlowski, éditée à Londres.

Les costumes militaires sont représentés par un recueil de planches de Martinet, portant le titre : *Les enfans de Mars* et par le *Teupken* donnant les uniformes des troupes royales hollandaises dans une reliure de l'époque en maroquin de Deflinne au monogramme du Roi Guillaume de Hollande.

Quelques suites d'aquarelles trouvent leur place dans ce défilé de Costumes, parmi lesquelles quatorze aquarelles de Pécheux et de Lanté des « 105 costumes des Départements de la Seine-Inférieure, du Calvados, de la Manche et de l'Orne ».

Une autre suite de vingt-quatre aquarelles fort intéressantes de Lanté du recueil *Les ouvrières de Paris* s'y trouve, de même que dix-neuf aquarelles des *Cris de Paris* de Joly.

De l'époque romantique, signalons un beau *Deveria* complet et la *Semaine des amours* de Philipon.

Si pour le collectionneur, il y a quelque mélancolie à se séparer d'une telle réunion formée après de patientes recherches, il garde au moins la satisfaction d'avoir jeté un peu de lumière dans ce coin de bibliothèque sur la série des costumes si imparfaitement éclairée.

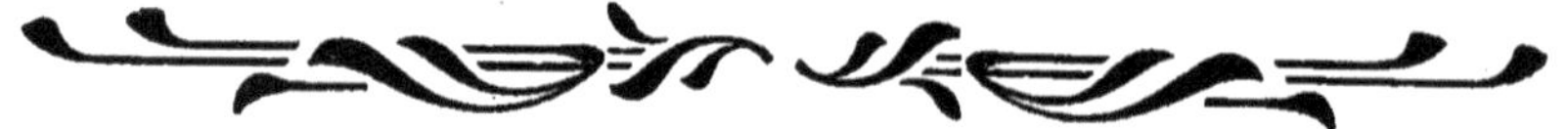

1\. **SLUPERIUS** (J.). Omnium fere gentium nostræqz ætatis Nationum, Habitus & Effigies. In eodem Ioannis Sluperij Herzelensis Epigrammata... *Antverpiæ, apud Ioannem Bellerum,* 1572, pet. in-8, mar. rouge, compart. de fil. à froid, fleurons d'angles et milieux dor., dos orné, dent. int., tr. dor. (*Claessens*).

Recueil rare et très recherché, renfermant 120 planches de costumes gravées sur bois dans des encadrements, accompagnées en regard de quatrains latins et français.

Le titre encadré est raccommodé dans l'angle supérieur ; légers raccommodages au dernier f. qui est remonté.

2\. **NICOLAY** (Nicolas de). Discours et Histoire véritable des navigations, peregrinations et voyages, faicts en la Turquie, par Nicolas de Nicolay, Dauphinois. Plus les figures au naturel, tant d'hommes que de femmes. Le tout distingué en quatre livres. Reveu et augmenté de quelques figures oultre la première impression. *Anvers, Arnould Coninx,* 1586, in-4, mar. rouge, compart. de dent. à froid et fil. dor., fleurons d'angles, armoiries, dos orné, filets à l'int., tr. dor., étui (*Dubois d'Enghien-Dooms*).

Ouvrage recherché ; cette édition est ornée de 61 belles et

curieuses planches de costumes gravées sur bois dans un encadrement par *L. Danet* d'après les dessins de l'auteur.

BEL EXEMPLAIRE, lavé.

3. RITRATTI et Elogii di Capitani illustri. *In Roma, Pompilio Totti,* 1635, in-4, parchemin souple, étui (*Rel. anc.*).

Ouvrage illustré de 127 portraits gravés sur cuivre, à mi-page.

4. LE HAY. Recueil de cent estampes représentant différentes nations du Levant, tirées sur les tableaux peints d'après nature en 1707 et 1708 par les ordres de M. de Ferriol ambassadeur du Roi à la Porte. Et gravées en 1712 et 1713 par les soins de M. Le Hay. *Paris, Le Hay; Duchange,* 1714. — Explication des cent estampes qui représentent différentes nations du Levant. Avec de nouvelles estampes de cérémonies turques qui ont aussi leurs explications. *Ibid., Jacques Collombat,* 1715. — En 1 vol. in-fol., veau marb., dos orné, tr. rouges (*Rel. anc.*).

TRÈS BEL EXEMPLAIRE, *colorié,* bien complet du *Supplément,* ce qui est rare, comprenant 1 titre gravé, 100 planches dont 99 pl. de costumes, et une grande estampe : *Mariage turc,* num. de 1 à 100. Plus les deux estampes de Supplément : *Derviches, Enterrement turc* ; 3 ff. non ch., 26 pages, et 1 f. de musique gravée.

Epreuves de PREMIER TIRAGE, dans leur magnifique coloris de l'époque.

Reliure restaurée aux angles.

5. LE HAY. Recueil de cent estampes représentant différentes nations du Levant... gravées en 1712 et 1713 par les soins de M. Le Hay. *Paris, Le Hay; Duchange,* 1714, in-fol., veau marb., dent., dos orné, tr. rouges (*Rel. anc.*).

Même recueil que le précédent.

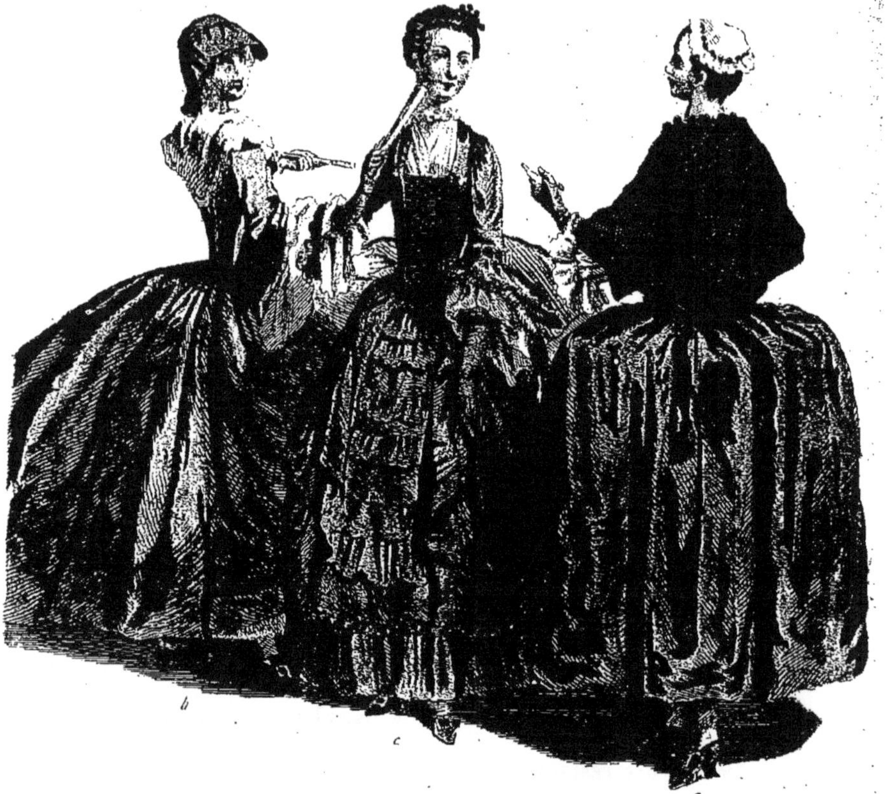

b

c

a

*Habits of English Ladys, in the Years 1735 (a) 1745 (b) 1755 (c).*

*Habillements des Dames Angloises, en 1735 &c.*



228

N° 7

IMP. CATALA FRÈRES, PARIS

L'exemplaire renferme 1 titre gravé et 100 planches en noir num. de 1 à 100; il ne comprend pas le *Supplément.*

Déchirure raccommodée à 4 pl., mais sans aucun manque dans le papier; le dos de la reliure est refait ainsi que les angles et la dentelle entourant les plats.

PREMIER TIRAGE.

6. **ABBILDUNG** und Beschreibung derer samtlichen Schmeltz-Hütten [und Berg-Wercks] Beamten und Bedienten nach ihrem gewohnlichen Rang und Ordnung im behörigen Hütten [und Berg]-Habit. *Nunrberg, Chr. Weigel,* 1721, 2 tomes en 1 vol. pet. in-4, vélin, tr. jasp., étui (*Rel. anc.*).

Lipperheide, 1992-1993.

2 frontispices et 48 planches, par moitié dans chaque tome, gravées, brillamment *coloriées* et rehaussées d'or.

La seconde partie de texte est incomplète des 7 dernières pages.

D'après Brunet (Suppl. II, col. 941), une première édition de cet ouvrage aurait été donnée en 1710.

7. **RECUEIL DES HABILLEMENTS** de différentes nations, anciens et modernes, et en particulier dès vieux ajustements anglois. D'après les desseins de Holbein, de Vandyke, de Hollar et de quelques autres... auquel sont ajoutés les habits des principaux caractères du théâtre anglois. *Londres, Thomas Jefferys,* 1757, 2 vol. in-4, mar. La Vall., fil., dos ornés, dent. int., tr. dor. (*Rel. mod.*).

240 planches gravées et *coloriées*, accompagnées d'un texte en anglais et en français.

BEL EXEMPLAIRE d'une grande fraîcheur de coloris, et à grandes marges.

Cet ouvrage est annoncé en quatre volumes au catalogue Lipperheide, mais les deux derniers tomes, fort inférieurs aux premiers ne furent publiés qu'en 1776, ce qui explique qu'on les trouve rarement réunis. La collection Glaser ne possédait comme ici que les deux recueils de 1757.

8. COIFFURES. — Les Différens goûts et nouvelles Modes de Coeffures. *Augsbourg, Joh. Martin Will, s. d. (vers 1760)*, 2 parties en 2 vol. in-12, le premier rel. mar. bleu, encadr. d'une belle et fine dent. de style XVIIIe siècle, dos orné, dent. int., tr. dor. sur témoins (*Allô*) ; le second vol. est broché sous sa couverture originale en papier ancien argenté ; étuis.

Chaque partie se compose d'un titre gravé (celui du 1er vol. est réenmargé), et de 24 pl., soit 48 planches de très curieuses et riches coiffures de femmes gravées et *coloriées.*

Le premier volume, dans sa charmante reliure, provient de la collection Poullier Ketele (n° 329 du catalogue) ; dans cet exemplaire, les figures sont *entièrement coloriées;* dans le second volume broché, seuls les ornements de la coiffure, fleurs, plumes, rubans, sont *coloriés,* les visages et les chevelures restent en noir ; le coloris général est très fin.

Recueil fort rare, et à peu près introuvable complet de ses deux parties.

9. BRAND. [Cris de Vienne. Etudes prises dans le bas peuple et principalement des cris de Vienne. 1775], in-fol., mar. rouge, large dent. fleuronnée dans le goût du XVIIIe siècle, armoiries au centre, dos orné, dent. int., doublure et gardes de soie rouge, tr. dor. sur témoins (*De Samblanx*).

Très beau recueil, d'une grande rareté, renfermant 40 belles planches gravées à l'eau-forte d'après les dessins de *L. Brand,* par *Schütz, Feigel, Mark, F. Brand, Mansfeld,* et artistement *coloriées.* Ces planches forment autant d'estampes extrêmement vivantes et pittoresques.

Superbe exemplaire en très beau coloris ; il provient de la

vente POULLIER-KETELE (n° 317 du catalogue) et depuis a été recouvert de sa riche reliure décrite ci-dessus.

Sans le titre, qui est introuvable. La légende des planches est en allemand et en français.

Cet ouvrage fut reproduit à Vienne en 1926, en format réduit et en noir.

10. FIGURES (Les) appartenantes à la description de toutes les nations de l'empire de Russie. Première collection : Nations d'origine Finnoise. — Seconde collection : Les Nations Tatares. *S. Pétersbourg*, 1776, 2 albums in-fol., cartonn. ancien en papier fleuri d'œillets et de roses (enveloppe à dos de basane marb., étui).

55 planches (25 au 1^er et 30 au 2^e vol.) num. de 1 à 55 et conformes aux tables, gravées à l'eau-forte et très bien *coloriées*. Chaque album possède 2 feuillets préliminaires, l'un de titre, l'autre de table des planches, le tout rédigé en trois langues : allemand, français et russe.

Recueil d'une grande rareté, très précieux pour l'exactitude de ces costumes finlandais et tartares de la seconde moitié du XVIII^e siècle rendus dans tous les détails, et avec le coloris exact des broderies.

Nous ne savons s'il a paru d'autres parties de ce recueil. Ni Lipperheide, ni Glaser, ni Odero ne l'ont possédé.

BEL EXEMPLAIRE entièrement NON ROGNÉ et dans son cartonnage original.

11. DIGHTON (Robert). [Coiffures anglaises]. *London, printed for R. Sayer and J. Bennett and J. Smith*, 1778, 12 pl. in-fol., en feuilles, dans un carton.

12 planches gravées à la manière du lavis, en *mezzotinto*, par *R. Laurie* d'après *Dighton* et tirées sur feuilles in-folio à toutes marges ; elles représentent de très curieuses coiffures en chapeau, d'autres en édifices de cheveux agrémentés de plumes, perles et dentelle.

Suite d'une grande rareté et qui est ici probablement au

complet. Le *British Museum* ne possède qu'une seule de ces planches, et n'a pu donner sur cette suite aucune indication de nombre (on a joint la lettre envoyée par le *British Museum* donnant ces indications).

Quatre planches portent de légères traces de pliure.

12. GALERIE DES MODES ET COSTUMES FRANCAIS dessinés d'après nature, gravés par les plus célèbres artistes en ce genre, et colorés avec le plus grand soin par Madame Le Beau. Ouvrage commencé en l'année 1778. *A Paris, chez les S*[rs] *Esnauts et Rapilly*, 1778-1781, 2 vol. gr. in-fol., mar. La Vall., fil., dos ornés, dent. int., tr. dor. (*Rel. mod.*).

Le plus important et le plus beau recueil de costumes et coiffures du temps de Louis XVI ; il est devenu d'une très grande rareté.

Très bel exemplaire des deux premiers volumes contenant les 32 premiers cahiers de l'ouvrage, d'un très beau coloris de la plus grande fraîcheur et à grandes marges, peut-être *unique* dans son état, le texte explicatif s'y trouvant au complet.

Voici la collation détaillée de ces deux volumes qui contiennent 1 frontispice et 189 planches (*sur 192*), le tout en *coloris du temps.*

Tome I : 1 titre-frontispice colorié, IV pages d'*Introduction*, 40 pages de *Description* des cahiers VII à XVI, et 1 f. de *Privilège général.* (Notons que les cahiers I à VI, concernant la coiffure, ont leur description en une note de quelques lignes à la suite de l'*Introduction*; cette note n'est d'ailleurs pas exacte en annonçant « cent quarante-six coëffures », il n'y en a et ne peut y en avoir que 144, à raison de 6 cahiers de chacun de 6 pl. de 4 fig. à la planche). — Cahiers 1 à 16 marqués de A à Q renfermant 95 pl. num. de 1 à 96 (la pl. 56 manque au cahier K). Les cahiers A à F, les six premiers, contiennent, nous l'avons dit, des coiffures à raison de quatre modèles à la planche. Les autres planches, dans les deux tomes, contiennent un sujet en pied, plus rarement deux ou trois, pour les costumes d'enfants. Le cahier O est relié immédiatement après les

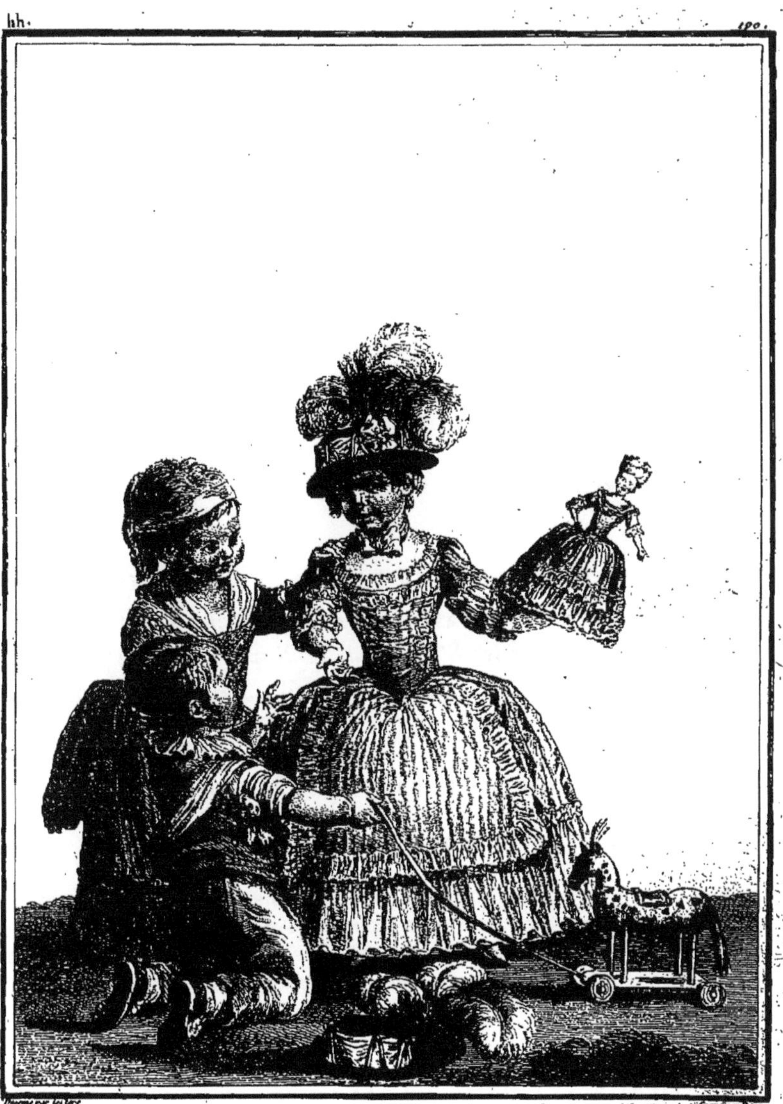

Dessiné par Leclerc — Gravé par Dupin.

La petite Fille vue de face est vêtue d'un Fourreau de Taffetas garni de Gaze elle a un Tablier de Gaze son Fourreau est fait à l'anglaise Chapeau à la Henry-quatre. L'autre petite Fille a un Fourreau de Burat retroussé à la Polonoise. Le petit Garçon en Matelot simple et les Manches retroussées.

*A Paris chés Esnauts et Rapilly, rue St. Jacques, à la Ville de Coutances. A. P. D. R.*





IMP. CATALA FRÈRES, PARIS

coiffures parce qu'il contient les deux très belles estampes si souvent manquantes, représentant Louis XVI et Marie-Antoinette.

Tome II. 48 pages pour le titre imprimé daté de 1781, l'*Avertissement* et la *Description* des cahiers 17 à 32, marqués de R à Z et *aa* à *hh*, renfermant les pl. 97 à 192 (moins la pl. 153 au cahier *bb*, et la pl. 191 au cahier *hh*, soit 94 pl. pour ce tome sur 96).

Notons que dans le tome II, la *Description* des habillements porte sur sa première page une belle vignette en-tête, de la plus grande rareté.

Les planches de ce recueil ont été gravées par *Dupin, Voysard, Le Roy, Patas, Le Beau*, etc., d'après *Le Clerc, Desrais, Watteau*, etc.

Très léger raccommodage dans la marge de la pl. 163.

13. GALERIE DES MODES ET COSTUMES FRANCAIS, dessinés d'après nature, gravés par les plus célèbres artistes en ce genre... *A Paris, chez les S^rs Esnauts et Rapilly*, 1778-1786, 2 vol. gr. in-fol., mar. La Vall., compart. de fil., fleurons d'angles, dos ornés, dent. int., têtes dor., non rognés (*Rel. mod.*).

Très bel exemplaire renfermant 238 planches à toutes marges, non coloriées, plusieurs portant les erreurs de numérotation du tout premier tirage.

Cette magnifique collection de costumes et coiffures a paru, on le sait, par cahiers de six planches; on ne signale pas d'exemplaire complet des 461 pl. Cet exemplaire qui en contient 238, num. de 1 à 228 (avec une seule pl. manquante, n° 207) et 11 planches portant des numéros doubles, peut être considéré comme un des plus complets qui soient, et bien rare en cet état.

Voici la collation:

Tome I. — Cahiers A-1 à Q-16, soit 96 pl. num. de 1 à 96.

Les cahiers H et J sont avant ces mêmes lettres dans le haut de la gravure; les pl. 57, 59, 60 du cahier K-10 sont chiffrées par erreur 60, 57, 59 ; les pl. 77, 78 du cahier N-13 sont chiffrées 78, 77, toutes erreurs corrigées par la suite.

Tome II. — Cahiers R-17 à Z-24, et *aa*-25 à *pp*-39 (il n'existe pas de cahier *kk*-34) soit 22 cahiers régulièrement num. de 97 à 228 (manque la pl. 207 au cahier *mm*-36), soit 131 pl. plus 11 pl. de coiffures qui forment des numéros bis aux pl. 169, 170, 172, 173, 174 du cahier *ee*-29, et 199 à 204 du cahier *ll*-35 (à noter que la pl. 199 bis porte *34e cahier de Costumes français,* bien qu'elle répète avec les 5 pl. suivantes les nos du cahier *ll*-35, le cahier 34 n'existant pas).

Ces suites de coiffures sont tirées sur papier bleuté ; les six premières forment les six premiers cahiers du recueil ; la septième double donc le cahier *ee*-29 (elle est représentée ici par 5 pl. sur 6 (le n° 171 bis manque) ; la huitième double le cahier 35 bien qu'elle porte sur la première des six pl. le numéro 34.

Le cahier O-14 contient sous les nos 79 et 80 deux beaux portraits de Louis XVI et Marie-Antoinette en habits de cour, déjà signalés à l'exemplaire précédent. Cet exemplaire, plus étendu, présente à nouveau au cahier *mm*-36 deux portraits du roi et de la reine, en grands habits royaux, différents des premiers.

Signalons l'extrême rareté des cahiers 38 (Grandes Coiffures en médaillons) et 39 (Petites coiffures à seize modèles par planche).

Cet exemplaire ne renferme aucun texte ; les deux titres imprimés en tête de chaque tome ont été refaits.

Une, puis deux très légères piqûres, visibles seulement par transparence ont traversé les dernières planches ; raccommodage dans la marge de la dernière planche.

14. NEUESTE PARISER MODEN, bestehend aus. 103 verschiedenen Frisuren und Frauenzimmer Aufsätzen, wie auch 72. Figuren, von verschiedenen Kleidertrachten fur Kavaliers und Damen, zum vortheilhaftesten Gebrauche für Zofen, Friseurs, Haubenhefterinnen und Schneider, nebst acht ganz neu erfundenen sehr zierlich und schonen Frauenzimmer Hüten, in seinen Kupferstichen. Herausgegeben von Johann Balzer. *S. d.* (*vers* 1780),

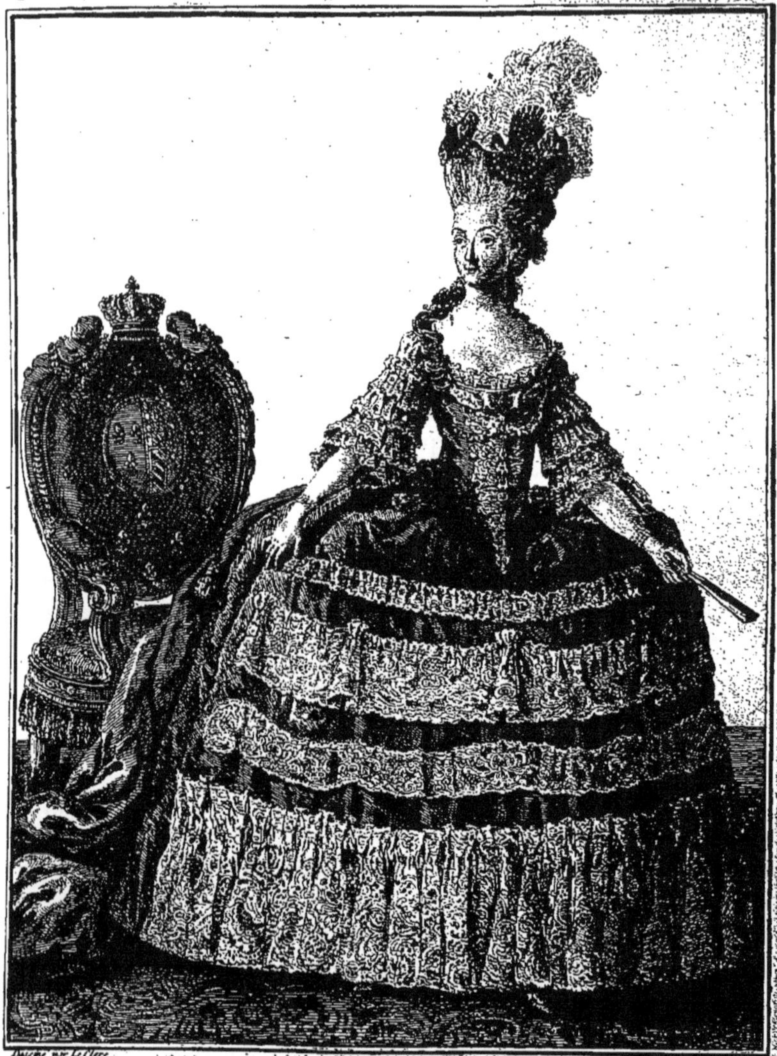

*Dessiné par Le Clerc* *Gravé par Dupin*

Habit de Cour de satin Cerise, le ruban de tête de même, le coin de gaze qui se voit au côté droit est noir, les diamants, perles et ruban du tour de gorge blancs, ainsi que les glands du manteau troussé, les dentelles tirent un peu dans certaine partie sur la teinte du fond, le fond du fauteuil violet, et les armes selon leurs émaux, tout le reste or, le tapis de pied de toutes couleurs.

*A Paris chez Esnauts et Rapilly, rue S.t Jacques, à la Ville de Coutances. A.P.D.R.*





IMP. CATALA FRÈRES, PARIS

album pet. in-4, dos et coins de mar. rouge, fil., dos orné, non rogné (*Rel. mod.*).

Traduction abrégée du titre : Les Nouvelles modes parisiennes. Recueil de 103 différentes toilettes de Dames et 72 modèles d'habillements, à l'usage des coiffeurs, tailleurs et modistes pour la pratique de leur état.

Voici la composition de cet exemplaire : 1 titre replié, 1 grande planche de modes repliée contenant 54 modèles, et 92 planches de format in-16, la plupart à 4 et 5 modèles, remontées sur autant de feuillets d'albums.

15. STAGNON. Recueil général des modes d'habillements des femmes des Etats de S. M. le roi de Sardaigne, dessiné et gravé par Ant. M. Stagnon, graveur des sceaux du roi à Turin. (*Turin, Reijcends*), *s. d.* (*vers* 1780), pet. in-fol., mar. rouge, dent., armoiries sur les plats, dos orné, dent. int., tr. dor., étui (*Rel. anc.*).

Recueil de 43 planches gravées et *coloriées,* num. de 1 à 43, comprenant 1 titre-frontispice, une *Dédicace,* aux armes, à Clotilde de France princesse de Piémont, un *Avertissement* également gravé et 40 belles planches de costumes, chacune à un personnage, allant des dames de la cour aux villageoises, dans un paysage ou bien un intérieur.

Dans l'*Avertissement,* ce recueil est annoncé en trois vol. avec 120 planches, mais ce volume avec ses 43 planches a seul été publié.

Bel exemplaire aux armes de Victor-Amédée III, roi de Sardaigne, qui lui fut très probablement offert par l'auteur.

Chaque planche porte une légende sur sa tablette inférieure; les 9 premières planches ont à cet endroit un raccommodage peu important et très bien refait; toutefois la tablette à été entièrement remontée pour deux pl. qui de ce fait ne portent plus de légende.

16. VERHELST. (Album de costumes de religieux et religieuses de divers pays. *S. l. n. d.* (*vers* 1780), in-4, dos et coins de mar. La

Vall., dos orné de nerfs à froid prolongés sur les plats, tête rouge, ébarbé (*Claessens*).

63 planches de costumes gravées par *E. Verhelst,* dont un certain nombre portent son nom ; les autres sont sans signature, et *coloriées* à l'époque.

Légende en français et en allemand au bas de chaque planche.

17. **DUFLOS.** Recueil d'estampes représentant les grades, les rangs et les dignités, suivant le costume de toutes les nations existantes. Avec des explications historiques. *Paris, Duflos,* 1780, 2 vol. in-fol., mar. La Vall., fil., dos ornés, dent. int., tr. dor., étuis (*Rel. mod.*).

Beau recueil de 264 planches *coloriées,* dans un encadrement doré, complet et fort rare en cet état.

Ces planches sont gravées par *Duflos, Mme Duflos,* etc., d'après *Touzé ;* l'une d'elles, très belle, représente Marie-Antoinette en grand costume de cour.

La planche d'Isabeau de Bavière porte au v° la *signature autographe* de *Duflos.*

Le texte comprend 1 f. de Dédicace au roi, et 1 f. d'Avertissement (les titres et la dédicace à la noblesse manquent).

En tête de chaque volume est relié un titre refait portant l'ex-libris de la bibliothèque Robyns, à la date de 1812.

18. **COSTUME FRANÇOIS.** *Chez Mondhare, s. d.* (*vers* 1782), 10 planches in-fol. coloriées, dans un carton.

Détail des planches :

2 *planches de coiffures* à quatre sujets chacune, comprenant six coiffures féminines et 2 coiffures masculines ; chaque sujet porte une légende explicative. Aucun nom d'artiste ni d'éditeur.

8 estampes dont voici les légendes :

*Les Bons amis ou le Plaisir de la Danse. — La Toilette pour le bal. — Mère de famille avec ses enfans en robe anglaise Coeffure*

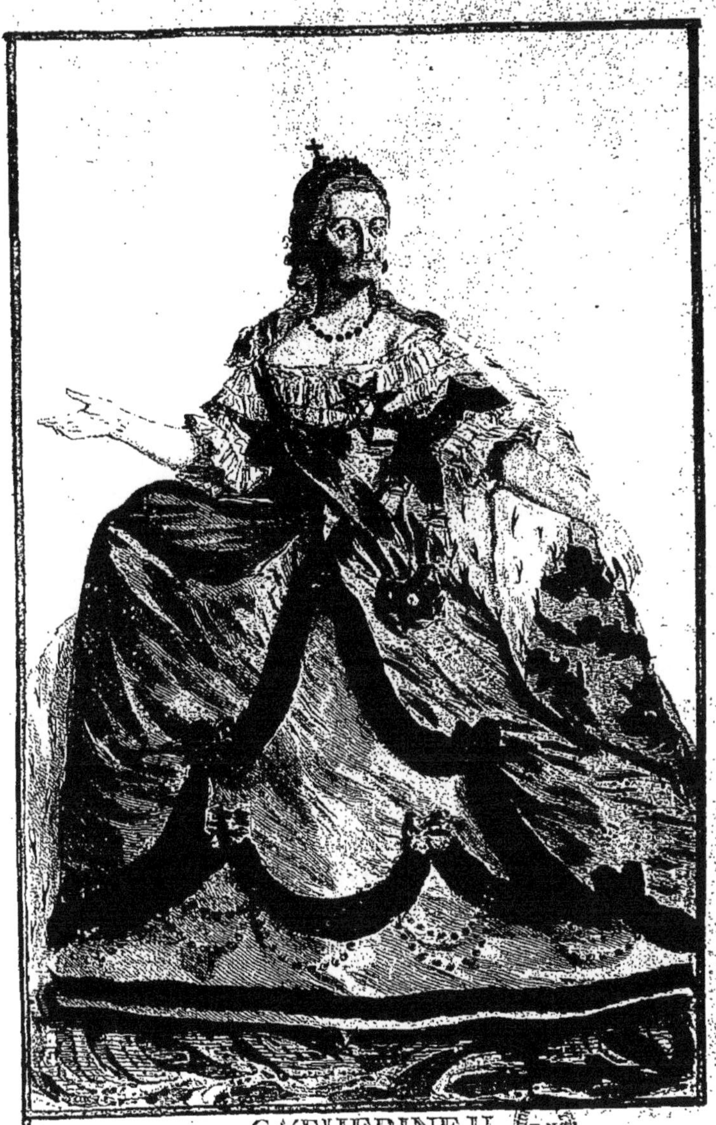

CATHERINE II.

d'Anhalt-Zerbell,

Impératrice de Rußie.

d'Après une Médaille du [illegible]

Paris chez [illegible] rue St Victor — A.P.D.R.



N° 17

IMP. CATALA FRÈRES, PARIS

*à la draperie. — La Marchande de mode en robe à la Polonaise avec la coeffure au berceau dauphin. — Dame en caraco galant à l'Angloise garnie de gaze coeffure aux* (sic) *fichu pouffe. — Dame en robe de cérémonie le jour de son mariage. — Marie-Antoinette d'Autriche reine de France et de Navarre en habit de cour et le manteau royal* (cette planche est en double épreuve).

La planche : *Dame en robe de cérémonie* porte dans le haut : *V^e^ collection de costume et de la parure des dames*, et au bas, sous la légende : *A Paris, chez Mondhare rue S^t^ Jacques.* La planche représentant Marie-Antoinette porte au bas cette même adresse de *Mondhare*, et dans le haut : *VI^e^ Cahier de costume françois.* Cette belle planche est en *deux états* de coloris nettement différents.

Très belles et très curieuses estampes, *de la plus grande rareté*; elles ont été fixées sur bristol en double feuille dont l'une forme encadrement. Une épreuve du portrait de Marie-Antoinette et les deux planches de coiffures ont conservé leurs marges; quatre estampes sont coupées au trait d'encadrement, sauf à l'endroit de la légende, intacte pour toutes les planches.

19. CABINET DES MODES, ou les Modes nouvelles, décrites d'une manière claire et précise, et représentées par des planches en taille-douce, enluminées. *A Paris, chez Buisson*, 1785-1789, 4 vol. pet. in-8, dos et coins de mar. rouge, fil., dos ornés, têtes dor., non rognés (*Rel. mod.*).

Beau recueil recherché, devenu rare, et d'une *très grande rareté* quand il est complet comme celui-ci du texte et des planches. Il s'étend du 15 nov. 1785 au 21 déc. 1789.

Le tome I contient 72 pl. et 24 livraisons, avec titre général compris dans la pagination. Le tome II contient 100 pl. et 36 livraisons. Les tomes III et IV ont chacun 36 livraisons et autant de planches repliées, la plupart portant trois modèles; ces planches à compartiments sont équivalentes aux trois planches par livraison des premières années ; simplement elles ne sont pas séparées.

Ces planches sont gravées par *Duhamel* d'après *Desrais*,

*Defraine* et *Pugin*, et très délicatement *coloriées*. Le recueil est remarquable par sa variété ; en plus des modèles de toilettes et coiffures, les plus nombreux, sont représentés des meubles, voitures, bijoux, pièces d'argenterie, et des décorations d'appartements, des plus curieuses.

A partir de la seconde année le titre des livraisons change en celui de : *Magasin des Modes nouvelles, françaises et anglaises.*

Très bel exemplaire, d'une grande fraîcheur, relié sur brochure et non rogné.

(Une petite tache d'humidité a traversé quelques feuillets au tome II.)

20. JOURNAL DES LUXUS UND DER MODEN. Du début, nº 1, 1786, jusqu'en 1824. *Weimar*, 1786-1824, 39 vol. in-8, dos de mar. vert ornés, tr. marb. (*Rel. mod.*).

Belle publication qui inspira probablement La Mésangère, et qui eut tant de succès qu'elle fut aussitôt contrefaite en Allemagne et à Liège. Chaque livraison contient des planches hors texte *coloriées*. Le nombre moyen de ces planches est de 36 par année ; elles sont fort curieuses, offrant outre les costumes, des modèles de bijoux, de voitures, de meubles, lanternes, des machines, et des planches de musique (un certain nombre de ces planches techniques sont en noir). A partir de l'année 1790, chaque tome est orné d'un frontispice, parfois colorié. On y remarque en 1790, la musique du *Ça ira*, en mai 1793, le prospectus français des cartes républicaines ; en 1794, l'inventaire en français des objets de la vente de Versailles, etc. Cette collection est rare, surtout dans ses premières années.

Manquent : en 1816, les suppléments nºs 9, 11, 12 — en 1817, nºs 7, 8, 12 — en 1818, nºs 2, 3, 4 — en 1819, nº 6 — en 1821, nº 7 — en 1822, nºs 5, 6 — en 1823, nº 6 — en 1824, nº 9. Ces suppléments forment pour ainsi dire un texte à part, qui laisse la collection des livraisons complète.

Manquent : les gravures 32 de 1802 ; 7, 12 de 1814 ; 7, 16, 17 de 1819 ; 33 de 1822 ; 3, 6, 7, 17, 21, 28 de 1823 ; 2 et 11 de 1824, dernière année de la présente collection; elle continua de paraître jusqu'en 1827.

Exemplaire bien relié et dont chaque tome possède les deux plats d'une couverture de livraison; quelques petits raccommodages; le frontispice de 1803 est réenmargé; les années 1821 et 1822 sont un peu courtes de marges.

21. MARÉCHAL (Sylvain). Costumes civils actuels de tous les peuples connus, dessinés d'après nature, gravés et coloriés (par Grasset de Saint-Sauveur). *Paris, Pavard,* 1788, 4 vol. pet. in-4, mar. bleu, fil., fleurons, armoiries sur les plats, dos ornés, dent. int., tr. dor. sur témoins (*De Samblanx*).

Première édition de ce recueil renfermant 300 planches dont 4 frontispices, gravées et *coloriées*, d'après *Desrais* et *Grasset de Saint-Sauveur.*

Très bel exemplaire de premier tirage; à toutes marges et de coloris très frais; seules les six premières planches portent un numéro, et un filet d'encadrement (ainsi que la septième et les frontispices); toutes les autres planches n'ont ni numéro ni encadrement.

22. LE VACHER DE CHARNOIS. Recherches sur les costumes et sur les théâtres de toutes les nations, tant anciennes que modernes. Avec des estampes en couleur et au lavis, dessinées par M. Chéry, et gravées par P. M. Alix. *Paris, Drouhin,* 1790, 2 tomes en 1 vol. in-4, veau jasp., grecque sur les bords, dos orné, tr. jasp., étui (*Rel. anc.*).

Frontispice et 54 planches gravées à la manière du lavis, la plupart *en couleurs,* par *Alix, Ridé* et *Sergent,* d'après *Chéry.*

Premier tirage (ce recueil fut donné à nouveau en 1802).

Bel exemplaire grand de marges; reliure restaurée.

23. HOLBEIN. Recueil de XII costumes suisses civils et militaires, hommes et femmes, du seizième siècle, gravés d'après les dessins

originaux du célèbre Jean Holbein. *Basle, Chrétien de Mechel,* 1790, pet. in-fol., mar. grenat, armoiries, dos orné, dent. int., tr. dor., étui.

Suite complète d'un frontispice et de 12 planches (6 d'hommes et 6 de femmes) gravés à l'eau-forte et très finement *coloriés.*
BEL EXEMPLAIRE.

24. KABINET VAN MODE EN SMAAK met gekoleurde plaaten. *De Haarlem, bij A. Loosjes,* (1790-1794), 8 vol. pet. in-8, demi-rel. mar. gris foncé, dos ornés, tr. marb. (*Rel. mod.*).

Curieux journal de modes hollandais donnant à côté de modèles inspirés des modes parisiennes, de pittoresques costumes hollandais. Les planches, une centaine environ, sont gravées et *coloriées* pour la plupart, sauf quelques-unes de mode masculine, de meubles ou de musique. Signalons parmi ces planches plusieurs portraits bien gravés, dont ceux de la princesse de Lamballe et de Charlotte Corday.
COLLECTION COMPLÈTE.

25. JOURNAL FUR FABRIK, MANUFAKTUR UND HANDLUNG. *Leipzig,* 1792 à 1799, 8 années en 16 vol. in-8, dos et coins de basane jasp., pièces de titre en mar. beige pour 10 vol. et rouge pour 6 vol., les pièces portant la date sont vertes, plats de papier jasp., tr. rouges (*Rel. anc.*).

Très curieuse publication donnée par livraisons avec planches hors texte, *coloriées,* sauf les planches techniques : nombre de ces planches portent des échantillons d'étoffes variées, d'une parfaite conservation, et aussi de papiers peints : d'autres présentent des costumes, des pièces d'orfèvrerie, meubles, lampes, montres, bijoux, des machines, des plans d'usines, de jardins, de kiosques, etc.

Exemplaire bien complet de ces 8 années (le recueil parut de 1791 à 1808) ; relié à l'époque, avec de bonnes marges, et en excellent état.

26. **HOLBEIN.** Imitations of original drawings by Hans Holbein, in the collection of His Majesty, for the portraits of the illustrious persons of the court of Henri VIII. With biographical tracts (by Edmund Lodge). Published by John Chamberlaine. *London, W. Bulmer and C°*, [1792-1802], gr. in-fol., dos et coins de mar. rouge, fil., dos orné, tête dor., non rogné, étui.

Magnifique recueil de portraits gravés par *F. Bartolozzi* (sauf 2 ou 3) d'après *Holbein* et *imprimés au pointillé de couleur*. Cet exemplaire est complet de ses 91 pl. portant 92 portraits (dont les 8 pl. de supplément); il renferme en tête les deux portraits gr. in-fol. de Holbein et de sa femme, les plus beaux du recueil. Tous ces portraits sont datés de 1792 à 1800, les uns tirés sur papier vélin fort, les autres sur papier fort rose ou bistre appliqué. Les 8 derniers portraits, non datés, sont tout ce qui existe de la suite projetée à ce premier recueil, lequel devait donner les personnages de la cour des Valois.

Le texte comprend 4 ff. pour le titre, la dédicace, l'avertissement, la table, et 69 ff. de notices.

27. GIORNALE DELLE DAME E DELLE MODE DI FRANCIA. *Italia*, 1786-1794, 9 années en 18 vol. pet. in-8, dos de chag. rouge, tr. jasp. (*Rel. mod.*).

Exemplaire complet des neuf premières années de ce recueil, correspondant à l'époque des modes les plus curieuses. On y trouve plus de 600 planches gravées et très bien *coloriées*, presque toutes de modes; un très petit nombre pour les voitures et pour des modèles de bijoux et d'argenterie (celles-ci en noir).

Cette publication est imprimée sur papier vergé assez épais avec de grandes marges; les planches de la première année ayant été tirées de format sensiblement plus grand que le texte sont rognées parfois dans le bas jusqu'au trait d'encadrement.

28. **DESCRIPTION** des planches relatives aux Crieurs publics de

S^t^ Petersbourg, et explication des figures (dessinées et gravées par Shönberg et Geisler). *S^t^ Petersburg, Carl Lissner*, 1794, in-4, cartonn. dos et coins de papier bleu clair, plats de papier jaune, non rogné (*Cartonn. anc.*).

Suite de 18 planches gravées à la manière du lavis et *coloriées*, avec légende gravée au bas en russe, allemand et français.
Ces 18 planches forment 3 cahiers numérotés de 1 à 3, comprenant chacun 6 planches in-4 et une livraison de texte in-8 d'un titre et 6 ff. de description en français et en allemand.
Suite d'une grande rareté, à toutes marges (quelques planches un peu plus courtes paraissent avoir été tirées ainsi), et d'une grande fraîcheur.

29. GRASSET DE SAINT-SAUVEUR. Costumes des représentants du Peuple, membres des Deux Conseils du Directoire exécutif, etc. Chaque figure est accompagnée d'une Notice historique. *Paris, Deroy*, 1795, in-8, 32 pages de texte, mar. rouge, fil., armoiries, dos long orné, dent. int., non rogné, couverture muette de l'époque, conservée, étui (*Rel. mod.*).

Frontispice et 15 planches hors texte, dessinés par *Grasset Saint-Sauveur*, gravés par *Labrousse* et *coloriés*.
Exemplaire complet et relié sur brochure.

30. [GARNEREY]. Collection des nouveaux costumes des autorités constituées civiles et militaires. [*Paris, de l'Impr. de Boiste, s. d.* (an IV, 1796)], in-4, mar. rouge à grain long, compart. de fil. et dent. de style Directoire, armoiries, dos orné de dent. et de vases à l'antique, dent. int., tr. dor. sur témoins, étui (*Weckesser*).

Recueil complet de 26 planches dessinées par *Garnerey*, gravées par *Alix* à la manière du lavis, et *coloriées* avec soin, précédées de quatre pages de texte.
**Bel exemplaire très grand de marges. Légers raccommodages dans la marge des ff. de texte.**

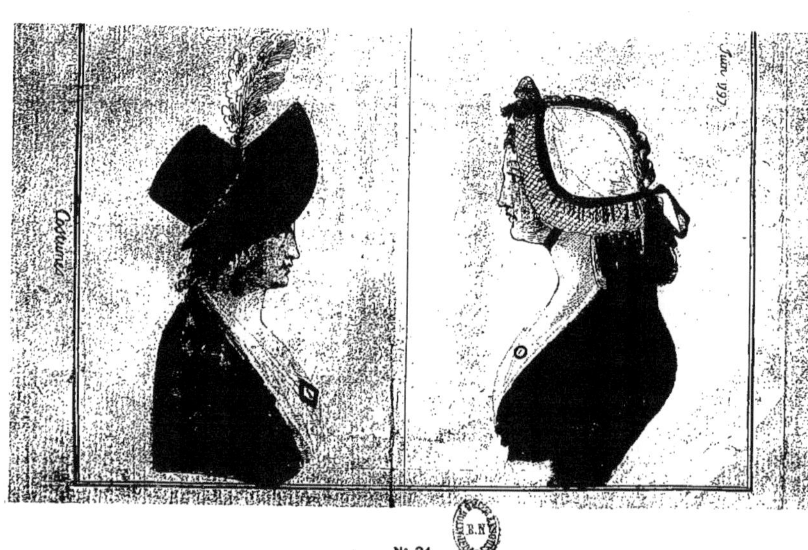

N° 31



IMP. CATALA FRÈRES PARIS

31. LA MÉSANGÈRE. Journal des Dames et des Modes. Depuis le n° 2, 10 Germinal an V (30 Mars 1797) jusqu'au 29 décembre 1838, soit 42 années rel. en 83 vol. in-8, dos et coins de chag. La Vall., dos ornés, tr. marb. (*Rel. mod.*).

COLLECTION LA PLUS COMPLÈTE qui soit passée en vente, renfermant en particulier le texte absolument introuvable des premières livraisons. Il suffit pour en apprécier la rareté de voir que Vicaire, qui le premier et le seul a donné la collation de *La Mésangère,* ne commence une description suivie qu'à partir de la XLIIIe livraison; des livraisons antérieures, il n'a pu voir que la 1re et la VIIe à la Bibliothèque de l'Opéra, et encore la VIIe était-elle incomplète de la planche *Robe à l'Omphale* que nous possédons ici.

TEXTE.

Le texte s'étend donc du n° II, an V, au n° 67-68 de déc. 1838, considéré comme le dernier n° officiel de la publication bien qu'on cite une ultime livraison en janvier 1839.

En place de la toute première et rarissime livraison, tête de la collection, a été relié ici le n° 1 du *Journal des Modes* orné d'une gravure. La parenté du *Journal des Modes* avec celui des *Dames* est si étroite que Vicaire les a décrits en même temps. Le *Journal des Modes* eut 5 n[os] après lesquels il fut fondu avec le recueil de La Mésangère, et les premières gravures de La Mésangère ayant été manquées, ce sont celles du *Journal des Modes* qui furent servies aux abonnés. D'autre part, l'*Avis aux Abonnés* du n° XII du *Journal des Dames* les informe que la Direction compte faire réimprimer le n° 1 qui « *n'ayant point été tiré en assez grand nombre se trouve épuisé depuis longtemps et n'a pu être envoyé à une partie des souscripteurs* ». Il est donc bien probable que ce n° du *Journal des Modes* aura été envoyé au souscripteur en remplacement du n° 1 du *Journal des Dames* qui faisait défaut; une preuve est que, dans cette collection parfaitement homogène, toutes les livraisons jusqu'à la 14e comprise, auxquelles on n'avait pas encore songé à mettre de date, portent chacune leur date (renseignements très précieux) mise à la main chez l'éditeur, et que la livraison faisant fonction de n° 1, bien que portant, elle, une date imprimée *1 Juin 1797* a tout bonnement reçu de la même main la date antérieure *Germinal an V* qui en fait la première de la collection.

Voici les quelques lacunes du texte de ces 42 années : manquent les livraisons XVIII du 23 (ou 24) Messidor et XXII du 3 Thermidor an V, (8 pages chacune); le feuillet 1-2 du n° XXXVII du 7 fructidor an V; le f. 355-356 du n° 67 de l'an 8; les ff. 531-532 et 537-538 du n° 66 de 1807; le f. 63-64 du n° 8 de 1814 et le f. 315-316 du n° 40 de 1830.

Notons que dans le n° IX, un feuilleton de *Modes et Nouveautés* de 4 pages avait été annoncé pour le n° XI. Ce feuilleton de quatre pages du n° XI doit être celui qui est relié dans cet exemplaire entre la 1re livraison : *Journal des Modes,* et la 2e livraison : *Journal des Dames.* Le n° XII n'est ici suivi d'aucun feuilleton, le n° XIII en possède un de 8 pages; le n° XIV n'en a pas; ce feuilleton disparaît du sommaire à partir du n° XV.

Planches (toutes *coloriées*).

Décrivons les toutes premières planches de notre exemplaire.

1° Une planche à deux sujets de coiffures (voir la reproduction) dont on lit la description page 4 du n° 1 du *Journal des Modes* qui fait fonction comme nous l'avons vu, de premier n° de la collection. Elle porte dans le haut *Juin 1797,* et en bas *Costumes.*

2° Une planche avant toute lettre ou n°, appartenant en propre au n° VII du *Journal des Dames,* avec son explication : *Robe à l'Omphale* page 7 de ce n° (l'éditeur a remis à la main au bas de cette planche, le n° de la livraison à laquelle elle appartient).

3° Une planche de condition toute semblable à la précédente, ressortissant au n° VIII, avec la description : *Jeune Amazone...* page 8 de ce n°.

4° Une planche de condition semblable à celle décrite en premier portant dans le haut *Juin 1797,* dans le bas *Costumes* et dont on lit l'explication : *Chignon court, sans poudre... jupe de soie couleur gris-enfumé,* page 4 du supplément *Modes et Nouveautés* qui accompagne le n° XIII. Cette planche et la 1re sont

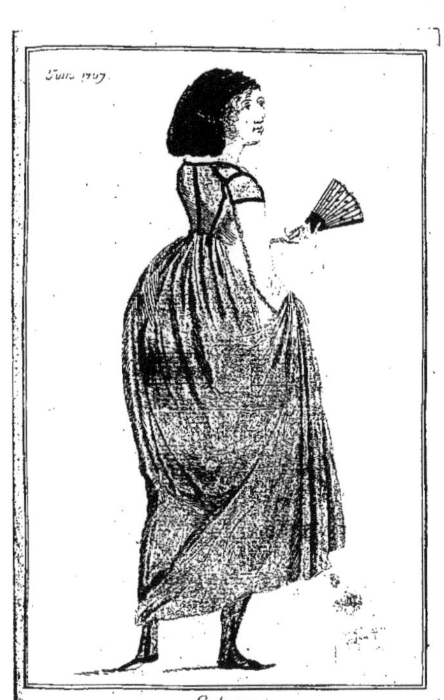

Costumes.

V. p.4. du feuilleton du 28 prairial



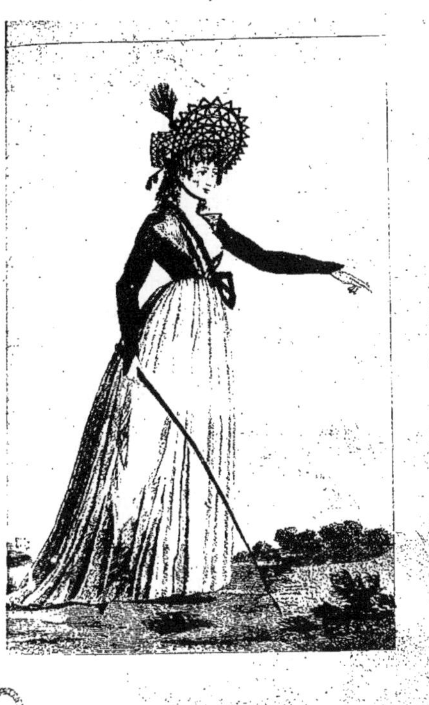

Nro 8. page 8.

N° 31

de celles qui furent mises en commun au moment de la fusion des deux journaux que nous avons signalée en décrivant le texte (voir la reproduction).

5° Pl. 6 du n° XLVI. Ici nous rentrons dans la série des planches numérotées, et puisque celle-ci est la sixième et que nous en avons auparavant quatre non encore numérotées, cela fait une planche faisant défaut.

La collection des planches se poursuit ensuite de 6 à 3618 selon l'ordre relevé par Vicaire.

Il est superflu de souligner *l'extrême rareté* des planches des premières années de la publication.

Mentionnons les états particuliers et les rares planches manquantes : la pl. 20 (plus courte) est remise dans l'exemplaire — les pl. 163 et 176 sont en *double épreuve,* coloriées et en noir; la pl. 1068 est en double; les pl. 165, 170 et 206 sont en noir — manquent les pl. 1537 du n° 4 de 1818, 1850 du n° 57 de 1819, 2936 du n° 63 de 1831. Manquent aussi les pl. 149 et 177 qui sont des pl. supplémentaires, et la pl. de musique gravée du n° LXV.

3 jolies planches *coloriées,* étrangères à cette collection, ont été ajoutées : au n° 72 de 1823, au n° 32 de 1828, au n° 53 de 1832, cette dernière d'après *Gavarni.*

On a relié : en tête du tome I, deux curieux reçus pour trois mois d'abonnement au *Journal des Dames,* datés d'*Anvers,* an X et an XII. — En tête de la troisième année, un très amusant et curieux prospectus du journal : *A la Belle qui me lira* ; RARISSIME.

Quelques raccommodages ; quelques rousseurs ou taches ; mais le plus grand nombre de ces volumes sont d'une remarquable fraîcheur. Les planches des dernières années, d'un format plus large que le texte, se sont trouvées parfois assez rognées avec le numérotage atteint ; le texte de ces années est parfois aussi rogné d'assez près.

32. BICCI. [I Contadini della Toscana, expressi al naturale secondo le diverse loro vestiture, in sessanta stampe a colori. *Firenze,* 1797], 14 pl. in-fol., dans un étui.

Beau recueil qui, complet, renferme 1 titre et 60 planches

*gravées en couleurs* et retouchées au pinceau, par *Lasinio, Cecchi, Canacci*, d'après les dessins de *A. Bicci*.

Nous possédons ici les pl. 10, 12, 21 à 26, 34, 38, 47 et 48, 53 et 55.

Quatre de ces planches sont à toutes marges, les autres à marges réduites ; une seule est vraiment courte, toutefois sa légende en quatre lignes est intacte.

33. VOLPINI (Angelo). Figurini di Mode. *In Firenze, presso la Societa Calcografica*, 1797-1798, titre, 19 pl. et texte, en feuilles, dans un emboîtage.

1 frontispice et 19 curieuses planches par *Volpini*, gravées à l'eau-forte par *Volpini* et *Lasinio*, et *coloriées*. Ces planches de modes sont présentées sous forme de scènes de mœurs à deux et trois personnages, la plupart dans un décor d'intérieur, qui en font de véritables estampes.

Cette publication parut deux années à raison d'une planche par mois encartée dans un double feuillet, l'un portant le texte, l'autre restant blanc ; elle est donc complète en 24 pl.

Nous possédons le titre-frontispice, les pl. 2 à 6, et 8 à 12 de 1797, complètes du texte sauf pour les pl. 9 et 10 ; — les pl. 2, 3, 4, et 6 à 11 de 1798, toutes accompagnées du texte.

Forte mouillure à 2 pl., quelques rousseurs.

34. TABLEAU GÉNÉRAL du goût, des Modes et Costumes de Paris, par une Société d'artistes et gens de lettres. Costumes de l'an VI (et VII). *Paris, Gide, an VI-VII* (1798-99), 2 vol. pet. in-8, dos et coins de veau fauve, ébarbés (*Rel. mod.*).

Curieux journal de modes de l'époque du Directoire.

Le tome I comprend 12 n^os^ précédés d'un titre, le tout compris en 263 pages, et 12 pl. hors texte, gravées en bistre, dont 8 de costumes et 4 de modèles de meubles.

Le tome II contient 10 n^os^, datés de Vendémiaire à Pluviôse an VII, précédés d'un titre, le tout compris en 308 pages, et 20 pl. hors texte num. de 1 à 20 (la pl. 8 est *avant* le n° ; les pl. 9 et 10 sont numérotées inversement). Sur ces 20 pl., 17 sont de costumes, 2 présentent des modèles de voiture, et la dernière des modèles d'argenterie. Toutes sont en *coloris de l'époque*, très fin ; la dernière est en noir.

Exemplaire complet de ces deux années ; ce recueil est rare ; la collection Glaser possédait ces mêmes années, mais fort incomplètes.

Cette publication avait été commencée en l'an V : on ne sait si elle fut continuée après l'an VII.

35. **BASSET** (chez). [Costumes des Représentants du Peuple]. 5 pl. in-fol., *coloriées*, en feuilles dans un étui.

*Costume des Ministres. — Huissier du Directoire exécutif. — Huissier des Deux Conseils. — Secrétaire des Deux Conseils. — Messager d'Etat.*

Belles et rares planches gravées, en très beau coloris du temps.

36. **COSTUMES FRANÇAIS.** En nonante sept gravures, représentant les modes des hommes et femmes ou (*sic*) commencement du 19e siècle, supérieurement enluminées. *Paris, (chez J. Chereau), s. d.* (*vers* 1800), album in-fol., dos et coins de chag. vert, dos orné, tête dor. (*Rel. mod.*), et pl. isolées, en feuilles dans un étui.

Suite publiée sans noms d'artistes ; seule la pl. 22 porte la signature *Deney fec.* au pointillé ; la pl. 27 porte la date gravée : *Tivoly le 20 Thermidor an VII.* Ces planches qui représentent chacune un costume d'homme ou de femme en pied sont gravées, finement *coloriées* et souvent rehaussées d'or ou d'argent.

On remarquera la pl. 72 : *Bonaparte Premier Consul,* et les pl. 11, 41 et 73 : *Madame Bonaparte,* représentée à pied, à cheval, et assise sur un divan.

Cette belle suite qui dut être assez étendue est devenue extrêmement rare. La bibliothèque Odero n'en possédait que 12 planches. L'exemplaire de la Bibliothèque Nationale, colorié, mais non enluminé s'arrête à la pl. 93; il ne possède aucun titre.

Voici la composition de notre exemplaire. Le titre transcrit ci-dessus paraît avoir été imprimé à l'époque en Allemagne et mentionne les 97 premières planches se suivant sans lacune, num. de 1 à 97. Furent retrouvées un peu plus tard les pl. 101, 103, 105, 120 et 126 ajoutées en faisant relier le recueil, soit 102 pl. dans l'album. — Enfin, depuis ont été réunies à cette collection les pl. 98, 100, 115, 121 et 122, coloriées et enluminées comme les précédentes, contenues à part dans un étui joint. — Au total 107 pl.

36 *bis*. LAHDE. Kjöbenhavns Klœdedragter eller Det daglige Liv i Hovedstaden i characteristiske Figurer, tegnede efter Naturen og udgivne af G. L. Lahde, Hof-Kobberstikker. *Kjöbenhavn, Forlagt af... C. Steen, s. d.* (*vers* 1800), in-4, chag. rouge, encadr. et coins dor., dos orné, dent. int., tr. dor.

Titre danois et allemand, table et 34 planches gravées sur cuivre et *coloriées* de costumes civils et militaires, marchands et marchandes des rues, petits commerçants, danois.

La table indique 35 planches, ainsi que Lipperheide.

Quelques piqûres et rousseurs.

37. LASINIO. Série di 12 Ritratti di persone facete, che servono a divertire il Pubblico fiorentino disegnate e incise da Carlo Lasinio. *Gaet. Calamandrei impres : a colori — In Firenze presso la Società Calcografica, s. d.* (*vers* 1800), gr. in-fol., dos et coins de mar. vert, titre en long, ébarbé, étui.

12 planches dont un frontispice, gravées sur cuivre, *imprimées en couleurs* et rehaussées au pinceau.

Recueil remarquable, de la plus grande rareté; il est ici complet, avec chaque planche protégée par un papier de soie, et dans une bonne reliure du milieu du XIX<sup>e</sup> siècle.

Mouillure à une planche; quelques traces d'encre à une autre; quelques légères piqûres d'humidité.

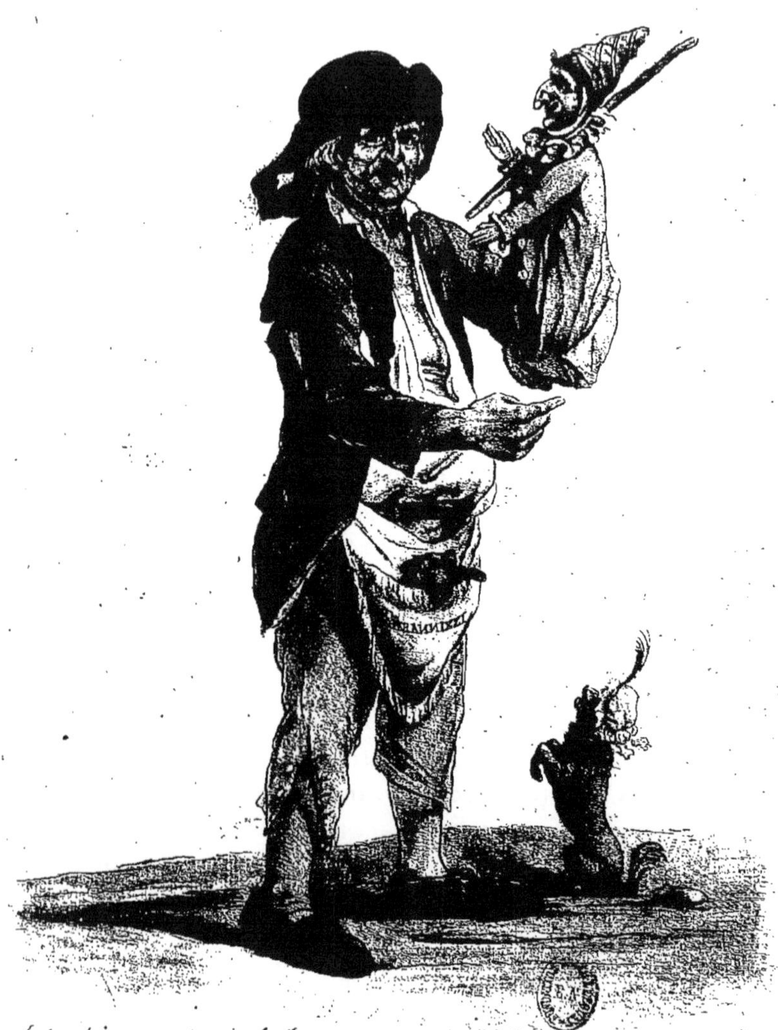

*Lasinio disegnò e incise dal vero. In Firenze presso la Società Calcograf.ca Gaet. Calamandrei impr. [illegible]*

N° 37

38. JEAN (chez). — Costumes militaires et civils (an VIII jusqu'en 1816), 146 pl. — Troupes étrangères, 18 pl. — En 2 étuis, l'un gainé de toile grise, l'autre cartonn. papier marb.

Planches gravées à l'eau-forte par *Charon, Chataignier, Naudet, Poisson,* et *coloriées*. Ces 146 pl. présentent environ 93 sujets, plusieurs étant en double, triple, et jusqu'en quintuple épreuve de *coloris différents* ou avec changements dans la légende.

Nous signalons le portrait de Napoléon à cheval, finement gravé par *Charon* d'après *Poisson* (épreuve courte de marges) et un second portrait équestre (image populaire) en double épreuve. — 2 portraits différents du duc d'Angoulême : *Faisant son entrée à Bordeaux* et *Visitant les ports de mer du royaume,* finement gravés et coloriés (et un troisième portrait populaire). — Les portraits de Louis XVI, Louis XVII, Louis XVIII, duchesse de Berry, duchesse d'Angoulême, etc., etc.

La suite des *Troupes étrangères* présente 11 sujets en 18 planches, plusieurs étant en multiples épreuves de *coloris différents.*

La plupart de ces planches possèdent de bonnes marges ; quelques-unes ont été coupées au trait de la gravure. Nombre de ces planches sont tirées sur papier fort.

39. MAASKAMP (E.). Tableaux des habillements, des mœurs et des coutumes en Hollande, au commencement du dix-neuvième siècle. *A Amsterdam, chez E. Maaskamp, s. d.* (1802), in-4, mar. vert à grain long, armoiries sur les plats, compart. de dent., dent. int., tête dor., non rogné, étui (*De Samblanx*).

Frontispice et 20 planches gravées par *Portmann* d'après *Kuyper* et très finement *coloriées.* — Texte français et hollandais.

Bel exemplaire.

40. COSTUMES DE L'EMPIRE DE RUSSIE, représentés dans une série de soixante et treize planches. Accompagnées de

descriptions en français et en anglais. *Londres, W. Miller, s. d.* (1803), gr. in-4, dos de basane bleue, étiquette imprimée collée au dos portant le titre, plats de papier rouge, non rogné (*Rel. anc.*).

Beau et rare recueil contenant 73 planches gravées par *J. Dadley* et *coloriées*, à chacune un personnage.

Le texte comprend le titre, la dédicace, la préface, la table, et un feuillet d'explication pour chaque planche, le tout en double texte, anglais et français, sauf la préface qui est en anglais seulement.

Bel exemplaire entièrement *non rogné*; la reliure porte l'étiquette de *Tomson, bookbinder*.

Quelques cassures raccommodées dans la marge aux premiers ff.

41. BERTRAND DE MOLEVILLE. Costumes des Etats héréditaires de la Maison d'Autriche, consistant en cinquante gravures coloriées; dont les descriptions ont été rédigées par M. Bertrand de Moleville. *Londres, Imprimé pour W. Miller, s. d.* (1804), in-4, mar. violet, compart. de dent. or et à froid encadrant les plats, dos orné, dent. int., tr. dor., étui (*Rel. anglaise anc.*).

50 planches de costumes gravées par *W. Ellis, W. Poole*, et *coloriées*. Texte anglais et français.

Bel exemplaire.

42. GEISSLER (J. G. G.). Tableaux pittoresques des mœurs, des usages et des divertissements des russes, tartares, mongols et autres nations de l'empire russe. En quarante planches enluminées d'après les dessins faits aux lieux. Texte... par Fred. Hempel. *Paris, Fuchs, Levrault; Leipzig, Baumgärtner, s. d.* (1804), in-4, dos et coins de veau brun, fil., dos orné, tr. marb., étui (*Rel. anglaise anc.*).

40 planches gravées à l'aquatinte dans un ovale, tirées en

largeur et *coloriées*, représentant des scènes pittoresques des diverses parties de l'empire russe.

Exemplaire bien complet; l'ouvrage fut publié en quatre livraisons contenant chacune 10 gravures *coloriées*. Titre, avant-propos, et explication pour chaque planche en un double texte, allemand et français.

Ce recueil est très rare.

Déchirure raccommodée au premier titre en allemand.

43. HEMPEL (Frédéric). Chatiments usités chez les Chinois, représentés dans 22 gravures enluminées. *Leipzig, au Bureau d'Industrie*, (1804), 4 livraisons en 1 vol. in-4, chag. vert, armoiries, dent., dos orné, dent. int., non rogné, couvertures (*Rel. mod.*).

22 planches gravées et *coloriées*, accompagnées chacune d'un feuillet de texte explicatif en français et en allemand.

Bel exemplaire, non rogné, complet des quatre couvertures de livraisons, et dans lequel on a conservé le catalogue de 8 pages du *Comptoir d'Industrie* accompagnant la troisième livraison.

44. JOURNAL DES DAMES ET DES MODES. Nos 1 à 13 et 40 à 52 de l'année 1805, années 1806-1810 complètes, et du 1er Janvier au 30 Juin 1833. *Francfort sur le Mein*, 13 vol. in-8, dos et coins de basane fauve pour les 2 premiers vol. (*Rel. anc.*), de mar. La Vall. pour les autres vol., dos ornés, tr. marb. (*Rel. mod.*).

Publication faite sur le modèle de La Mésangère, rédigée en français et paraissant régulièrement à raison de 52 livraisons à l'année renfermant autant de planches de modes gravées et *coloriées*.

Rousseurs; petite déchirure dans la marge de la pl. 2 et du f. 191-192 du 1er vol; la pagination dans le second vol. saute après 232 à 209 et repart de 216 à 242 sans qu'il y ait manque ou répétition dans le texte. Ces deux tomes sont en reliure ancienne avec petite différence dans les ornements et les tranches. Reliure moderne uniforme pour tous les autres tomes

5

sauf le dernier de couleur plus claire, et de pièce de titre de couleur différente. L'année 1811 est un peu courte de marges. Tous les tomes ont été reliés avec une ou deux couvertures de livraison.

Ce recueil avait commencé de paraître en 1799 et prit fin en 1848.

45. LA MÉSANGÈRE. [Collection de meubles et objets de goût]. *A Paris, au Bureau du Journal des Dames, s. d.* (*vers* 1805 et années suivantes), 56 pl. in-fol., en feuilles, dans un étui.

Publication faite par La Mésangère.

Belles planches *coloriées* de modèles de meubles, draperies d'alcôves et de fenêtres, cheminées, lambris, modèles de voitures, etc.

Ces planches sont à toutes marges sauf trois, dont une seule est vraiment courte.

46. PYNE (W. H.). The Costume of Great Britain, designed, engraved, and written by W. H. Pyne. *London, W. Miller,* 1808, gr. in-4, dos et coins de basane bleue, fil., non rogné (*Rel. anglaise anc.*).

Titre orné d'une vignette et 60 planches gravées à la manière du lavis et *coloriées* représentant des scènes de mœurs très variées. Le texte comprend une préface, et deux pages d'explication pour chaque planche.

Exemplaire *entièrement non rogné.*

Reliure un peu fatiguée; déchirure aisément réparable dans la marge d'une planche.

47. ORLOWSKI (G.). Russian Cries, in correct portraiture from drawings done on the spot. (*Published* 1809 *and sold by Edw. Orme, London*), pet. in-fol., en feuilles, dans un étui.

Titre gravé orné d'une vignette et 8 planches gravées sur cuivre par *J. Swaine* et *J. Godby* d'après *Orlowski* et *coloriées.*

Très rare recueil; il est ainsi complet. Il figure au catalogue

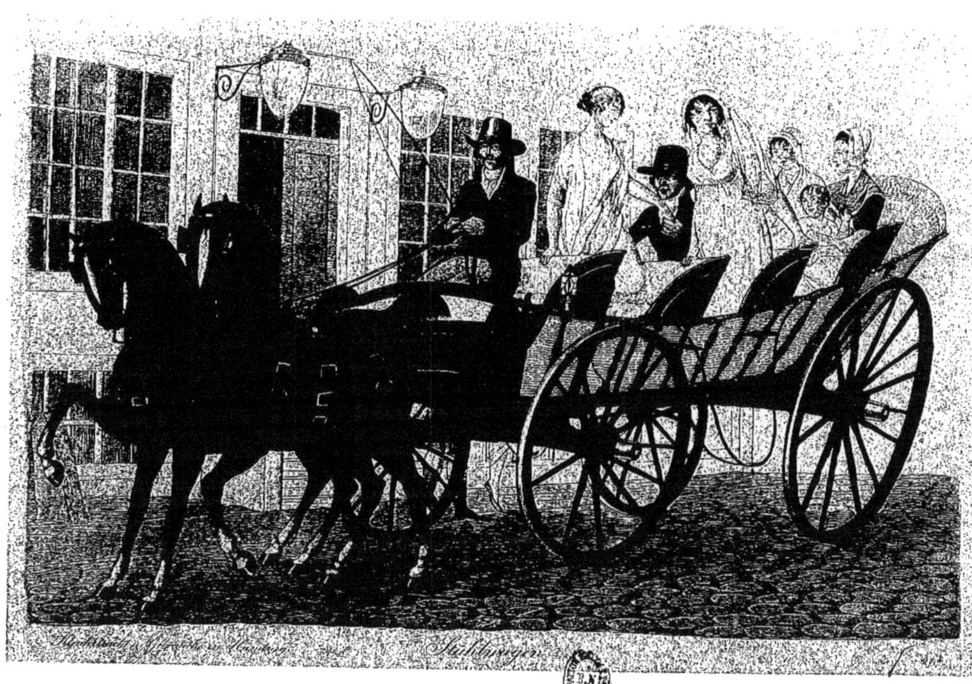

Stuhlwagen

N° 50

Lipperheide, mais manquait à la plupart des collections. On a joint une lettre émanant du British Museum qui déclare ne pas le posséder.

48. HEIDELOFF (Carl). Volkstrachten des Koenigreichs Würtemberg, nach der Natur gezeichnet von Carl Heideloff und herausgegeben von G. Ebner. *Stuttgart, im Verlag der G. Ebnerschen Kunsthandlung, s. d.* (*vers* 1810), in-4, veau vert, encadr. et coins dor., dos orné, dent. int., tr. dor. (*Rel. mod.*).

Très rare recueil d'un frontispice et de 12 planches gravées d'après *Carl Heideloff* et finement *coloriées*, de costumes populaires wurtembergeois.

Lipperheide ne signale que onze planches.

BEL EXEMPLAIRE, NON ROGNÉ.

49. MAILLART (Ph. J.). Collection de Costumes de tous les ordres monastiques, supprimés à différentes époques dans la ci-devant Belgique. Chaque figure est accompagnée d'une note historique... *Bruxelles, Ph. J. Maillart et Sœur, s. d.* (*vers* 1810), pet. in-4, mar. rouge, fil., armoiries sur les plats, dos orné, dent. int., tr. dor. (*Claessens*).

Recueil composé d'un titre gravé et de 108 planches gravées et *coloriées* portant chacune un costume de religieux ou religieuse d'ordres supprimés à la fin du XVIIIe siècle, les derniers en date du 25 Nov. 1797.

(Le recueil complet compte 134 planches.)

Un ou deux très légers raccommodages ; une planche est un peu plus courte.

50. MARTINET (chez). — Galerie des Enfans de Mars. Offrande à Sa Majesté l'Impératrice et Reine. *Paris, Martinet, s. d.* (*vers* 1812), in-4, demi-rel. mar. rouge à grain long, orné de fil. et vases

de fleurs, plats de papier rouge maroquiné encadrés de dent., non rogné (*Rel. anc.*), enveloppe de cuir, étui.

Recueil devenu fort rare; il se compose du portrait de Napoléon gravé en noir et de 45 planches de costumes de la Garde Impériale, gravées sur cuivre, très finement *coloriées* et rehaussées d'or; la première de ces planches représente l'Empereur à cheval suivi de quelques-uns de ses maréchaux. — Titre et Dédicace gravés.

Quelques planches sont signées *Maleuvre*, et *Godissart*.

TRÈS BEL EXEMPLAIRE de la bibliothèque POULLIER-KETELE.

51. SUHR (C.). Costumes de Hambourg. Dessinés et gravés par C. Suhr, professeur de l'Académie royale des arts de Berlin. *S. l.*, 1812, pet. in-fol., dos et coins de chag. noir, dos orné, tr. dor.

Beau recueil de 36 estampes num. de 1 à 36, de costumes, scènes, cortèges populaires, gravées à l'eau-forte et remarquablement *coloriées*; précédées d'un titre et d'une table des 36 planches en allemand et en français.

Exemplaire d'une grande fraîcheur et à grandes marges.

52. FINART. [Les Alliés à Paris en 1815, scènes de mœurs]. *Paris, chez Basset, s. d.*, 10 planches in-fol., en feuilles, dans un étui.

Suite très rare et très curieuse, représentant les militaires étrangers en compagnie d'élégantes parisiennes, Ces planches dessinées par *Finart* sont gravées par *Blanchard fils aîné* et *Thiébault* et finement *coloriées*.

Nous avons ici : *L'Ecossais à Paris, l'Amateur anglais à Paris, L'Autrichien sentimental, L'Aimable Prussien, Le Russe en bonne fortune, L'Allemande à Deux ou le Hongrois à Paris, La jolie Parisienne dans l'embarras du choix, Dragon anglais, Chasseur de lord Wellington, Lancier de la Garde royale.*

Cette suite est complète en 14 planches et fut publiée en deux parties de 6 et 8 planches; la seconde partie est d'une grande rareté et ses quatre dernières planches paraissent introuvables : nous possédons ici, outre la première suite complète, les quatre premières planches de la seconde suite.

Ces planches sont tirées indifféremment sur papier blanc ou bleuté ; leur dimension est uniforme, environ 35 cent.5 × 26 cent.

53. GODEFROY. — 28 pl. in-fol. gravées par *Godefroy* et *coloriées*, publiées chez *Martinet*, parmi lesquelles les deux très curieuses et fort rares estampes que nous mentionnons en premier.

1° Le Premier pas d'un jeune officier cosaque au Palais-Royal. Belle épreuve à toutes marges.

2° Les Adieux au Palais-Royal ou Les Suites du Premier pas. Cette pièce fait le pendant de la précédente. Curieuse épreuve portant dans les marges différentes indications au crayon de la main de l'artiste, pour des retouches au coloris. (Les marges sont un peu moins grandes que celles du n° 1).

3° Armée des Souverains alliés. 1814-1815. Pl. 1 à 14, avec la pl. 2 : *Soldats de l'armée russe* en *double épreuve* dont une à toutes marges et avant toutes lettres ; la pl. 6 : *Régiments écossais* en *double épreuve,* et la pl. 9 : *Troupes autrichiennes* en *triple épreuve,* l'une sur papier mince. — Au total 18 pl. (la pl. 11 est courte de marges).

4° Maison du Roi. 1814. Suite complète de 4 pl. : *MM. les Gardes du Corps du Roi. — MM. les Mousquetaires noirs. — MM. les Chevau-Légers du Roi. — MM. les Gendarmes du Roi* (la 1re pl. est à toutes marges, la 2e est à marges moyennes ; les 2 dernières ont de bonnes marges).

Pièces séparées.

5° Les Souverains alliés a Paris, présentant Louis XVIII en compagnie des empereurs de Russie, d'Autriche, et du roi de Prusse (marges coupées à 1 cent. au delà du trait de la gravure ; léger raccommodage dans une marge).

6° Un Corps de garde de la Garde nationale, à 7 personnages, avec légende.

7° Un beau portrait de *Madame Royale, duchesse d'Angoulême en costume de cour,* gravé par *Godefroy* d'après *Aug. Garnerey* en *deux états* : en *couleur* et noir.

54. JOLY. [Les Petits acteurs du Grand théâtre ou recueil de divers cris de Paris]. 19 aquarelles originales, dans un étui.

*Précieuses et charmantes aquarelles originales* de *Joly*, au format (sans marges) des planches gravées correspondantes. La gravure n'offre que peu de changements avec les originaux: quelques différences de coloris, ou bien, n° 14, *Marchand de parapluies*, l'aquarelle ne porte pas les deux personnages du fond figurant dans la gravure, etc. Sur ces aquarelles, le trait de la planche est dessiné à l'encre, chacune porte dans le haut *Cris de Paris*, et au bas la légende qui est restée la même sur les gravures. Le numérotage a été modifié.

55. JOLY. Les Petits acteurs du Grand théâtre ou recueil de divers cris de Paris (dessinés par Joly d'après nature). *Paris, Martinet*, (181[5]), in-4, dos de mar. rouge à grain long orné de filets et trophées, plats de papier maroquiné rouge, petite dent. sur les bords, non rogné, enveloppe de cuir, étui (*Rel. anc.*).

Suite complète de 60 planches dont un frontispice, gravées et *coloriées*, précédées d'un faux titre, titre et 2 ff. de texte ; cette suite est *très rare*.

Très bel exemplaire relié sur brochure ; il provient de la bibliothèque Descamps-Scrive.

56. VERNET (Horace) et LANTÉ. Incroyables et Merveilleuses. *S. l. n. d.* (*Paris, vers* 1815), in-fol., demi-rel. basane violette, dos orné (*Rel. de l'époque*).

Suite complète de 33 estampes num. de 1 à 33, dont 31 par *Horace Vernet*, et les deux dernières par *Lanté*, toutes gravées par *Gatine* et *coloriées*.

Belles épreuves, très fraîches.

De la bibliothèque Poullier-Ketele.

57. LECOMTE (Hippolyte). [Costumes de différentes nations. *Paris, Lithogr. de Delpech, de C. de Last*, (1817-1820)], pet. in-4,

Merveilleuse, N° 25.

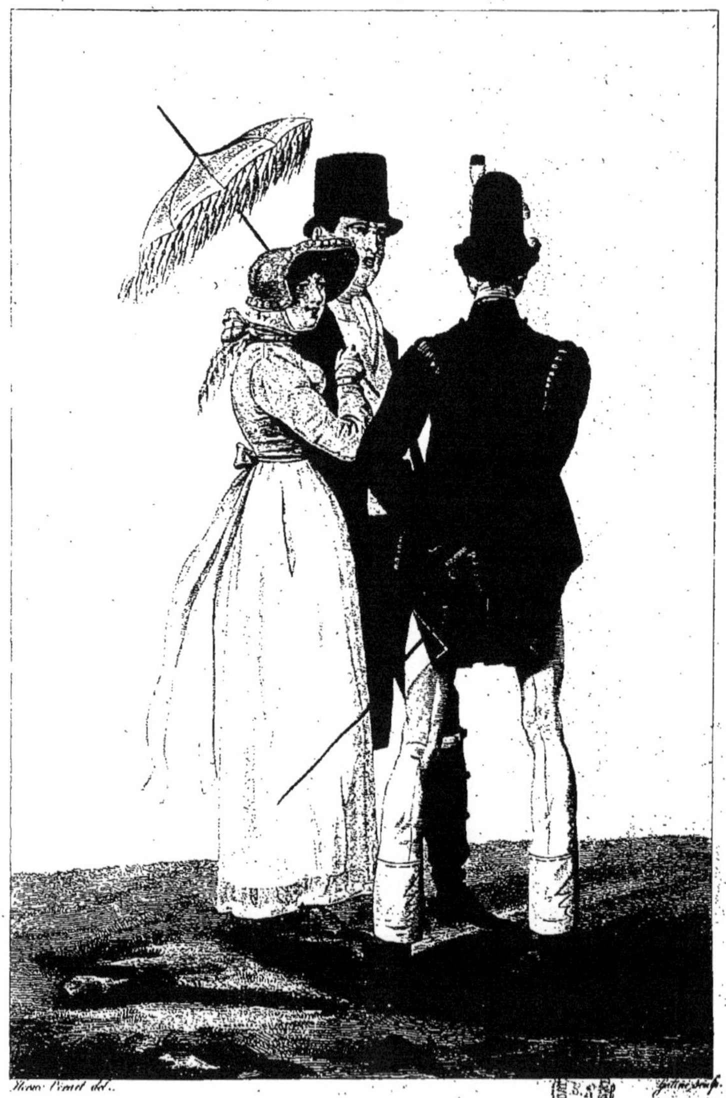



Chapeau de paille. Robe de Mousseline sur un Transparent.

N° 55

IMP. CATALA FRÈRES, PA

dos et coins de basane violette, dos orné, tr. jasp., étui (*Rel. de l'époque*).

84 planches lithographiées et *coloriées* de costumes suisses, tyroliens, italiens, français, russes, etc. Ces planches sont numérotées 1, 2, 2 bis, 3 à 33, 37 à 55, et 59 à 90.

L'exemplaire de la bibliothèque Glaser possédait 90 planches num. de 1 à 90 (le cat., n° 818, ne fait pas mention de la pl. 2 bis); il n'avait pas de *titre*; notre exemplaire n'en a pas non plus.

Reliure très fraîche, un peu postérieure.

58. [NORBLIN et DEBUCOURT]. Zbior Rozmaitych Stroiow Polskich. Costumes polonais. 1817. *S. l.* (*Paris*), pet. in-fol. de 50 planches, mar. bleu, large dent. en encadr., armoiries sur les plats, dos orné, dent. int., tr. dor. (*Rivière and son*).

Beau et très rare recueil, dont les planches, selon Vinet, « ont servi de modèle à presque tous les artistes étrangers qui depuis ont traité le même sujet » ; ces planches sont gravées sur cuivre par *Debucourt* d'après les dessins de *Norblin* et *coloriées* remarquablement.

TRÈS BEL EXEMPLAIRE renfermant 50 planches dont un frontispice, donc complet. *Rarissime* en cet état. La bibliographie Vinet n'indique que 37 planches; l'exemplaire de la bibliothèque Lipperheide en comptait 43, et les bibliothèques Glaser et Odero ne possédaient pas ce recueil.

De plus, 35 planches de notre exemplaire (sur 50) sont en épreuves AVANT TOUTE LETTRE.

Une seule planche (de celles avec la lettre) est très légèrement plus courte dans la marge extérieure.

59. DAMAME-DÉMARTRAIS. Collection de costumes du Royaume de Naples, gravés par M. F. Damame-Démartrais, auteur des vues, des usages et costumes de Russie. *Paris, Impr. de Firmin*

*Didot ; chez l'auteur ; Bénard ; Bance,* 1818, in-fol. d'un titre, un f. d'Avis, et 7 pl., en feuilles sous la couverture, étui.

7 planches gravées à l'aquatinte et *coloriées.*
Mouillure et quelques piqûres à la dernière planche.

60. JOURNAL DES DAMES ET DES MODES. *Bruxelles, Aug.-J. Delacroix,* 1818, in-8, dos et coins de chag. La Vall., dos orné, tr. marb. (*Rel. mod.*).

Première année de ce journal publié en Belgique sur le modèle de La Mésangère.

Ce volume renferme les livraisons 1 à 14, 25 janv. - 2 mai 1818, ornées de 20 planches hors texte gravées et *coloriées* et de 4 ff. de musique gravée.

61. COSTUMES SUISSES. — CINQ AQUARELLES ORIGINALES de costumes suisses, d'une grande finesse d'exécution. — Album in-8 (0 m. 22 × 0 m. 15), mar. bleu à grain long, armoiries, dent., dent. int. (*Rel. mod.*).

Une planche à 3 personnages ; une à 2 personnages de *Wisard* (peintre et graveur à Berne vers 1820-25), provenant probablement de la suite de 16 aquarelles : *Types et Costumes féminins de la Suisse ;* sur papier Whatman dont 2 planches portent en filigrane la date 1818.

De toute fraîcheur.

62. REINHARD (J.). Collection de Costumes suisses des XXII cantons, peints par J. Reinhard de Lucerne et publiés par Birmann et Huber. *A Basle,* 1819, in-4, mar. rouge à long grain, encadr. de dent., le premier plat porte : *Costumes Suisses* en lettres dor., dos orné, dent. int., tr. dor., enveloppe de cuir, étui (*Rel. anc.*).

Très beau recueil de costumes suisses, l'un des plus importants, et devenu très rare. Il comprend 4 ff. pour le titre, la table, l'avis des éditeurs, et 46 planches gravées à l'aquatinte

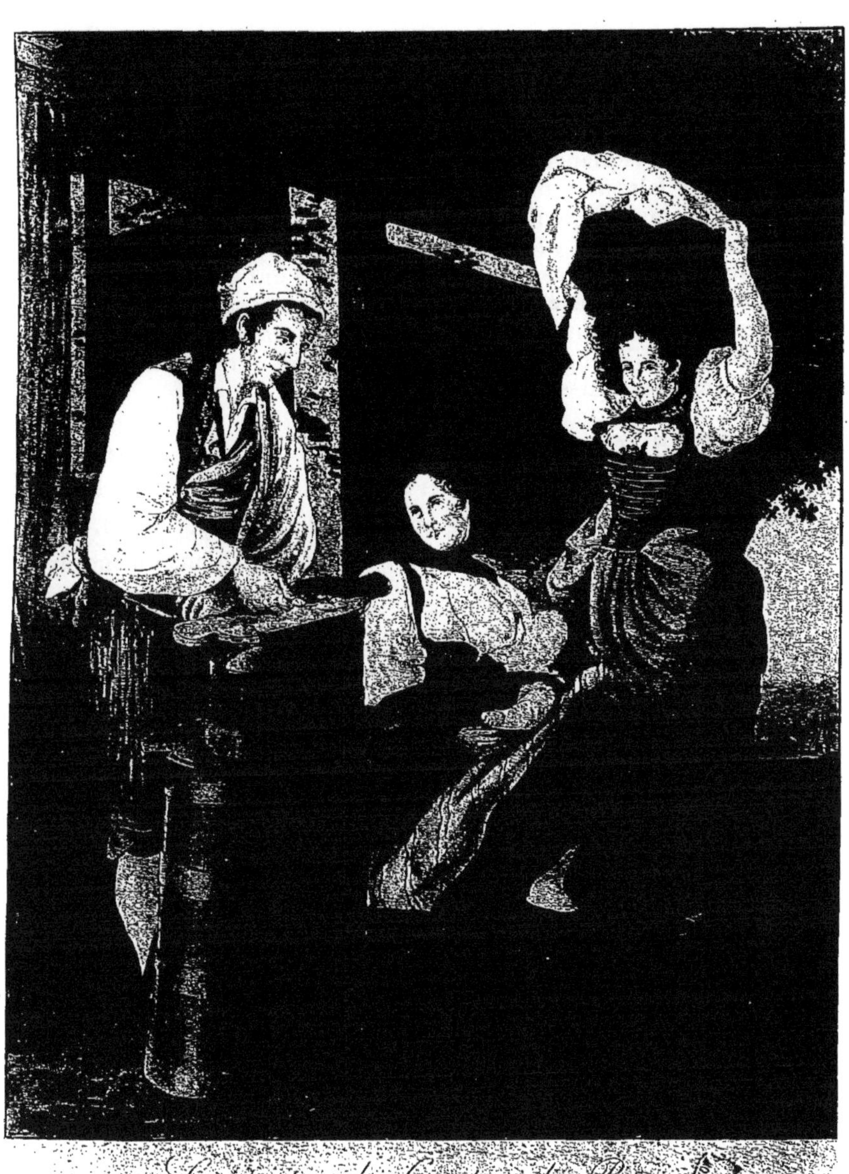

Costumes du Canton de Berne



N° 61

IMP. CATALA FRÈRES, PARIS

et très finement *coloriées*, accompagnées d'un feuillet de texte.

Très bel exemplaire dans sa reliure du temps, bien complet de toutes ses planches avec les papiers de soie.

Nous faisons remarquer le très rare état de cet exemplaire dont 3 planches seulement, n$^{os}$ 1, 6, 17 sont remontées tandis qu'elles le sont à peu près toutes dans le petit nombre d'exemplaires connus. Ces planches remontées l'ont été chez l'éditeur; l'impression de la légende est uniforme pour toutes ces planches, de même le grain du papier dans lequel on peut lire sur onze d'entre elles le filigrane de 1808, et sur trois autres celui de 1811.

Quelques rousseurs.

63. **BUDDEUS** (Carl). Tableau des mœurs et des usages, des occupations et des divertissements des Russes, ou suite de dessins originaux d'après nature. *Leipzig, J.-F. Gleditsch,* 1820, in-fol., cartonn. papier gris, titre sur le premier plat, en noir dans un encadr., non rogné, étui (*Cartonn. anc.*).

8 planches gravées et très délicatement *coloriées*, de types, intérieurs et paysages, accompagnées d'un texte en allemand et en français.

Ces huit planches avec texte forment la première livraison, dans le cartonnage original, de ce très rare recueil; le catalogue Lipperheide l'annonce en deux livraisons avec 16 planches, sous le n° 1351 du Supplément.

64. **HISTORY OF MADEIRA** (A), with a series of twenty-seven coloured engravings, illustrative of the costumes, manners, and occupations of the inhabitants of that Island. *London, Ackermann,* 1821, in-4, dos de mar. vert à grain long orné, portant au bas le nom *Robyns* en lettres dor., plats de papier gris, non rogné (*Rel. anc.*).

Titre orné d'une vue de l'île de Madère, coloriée, et 27 planches de costumes gravées et *coloriées*.

Exemplaire entièrement non rogné, et relié à l'époque; il contient à la fin un intéressant prospectus de la librairie Ackermann.

65. **REINHARDT.** Collection de costumes suisses d'après les dessins de Reinhardt. Chaque planche représente un costume avec une vue prise sur les lieux, à laquelle on a joint la description en anglais et en français. *Londres, Gilling*, 1822, in-4, dos et coins de basane rouge à grain long, non rogné (*Rel. de l'époque*).

30 planches gravées à l'aquatinte et très finement coloriées; chaque planche représente un costume au milieu d'un paysage.

Ce recueil est entièrement différent de celui de 1819; les planches sont belles et le texte (anglais et français), bien imprimé.

Bel exemplaire non rogné, et sans presque aucune rousseur; la reliure est frottée.

66. **COLLECTION DE CRIS ET COSTUMES DE S^t PÉTERSBOURG**, dessinés et coloriés d'après nature, par divers artistes. *S^t Pétersbourg, au Dépôt lithographique, chez Alex. Pluchart*, 1823, pet. in-fol., dos et coins de mar. grenat à grain long, plats de papier rouge encadrés de dent., enveloppe de cuir grenat, étui (*Rel. anc.*).

Recueil fort rare de 16 planches lithographiées, à un ou deux personnages (une seule pl. en a trois), avec un paysage de fond.

Bel exemplaire contenant les planches très finement *coloriées*, et relié avec le premier plat de la couverture de livraison qui porte le titre et la table des 16 planches dans un encadrement. Ce titre est ici avant le *Permis d'imprimer*.

Une note au v° du premier plat de la reliure mentionne que ce volume provient *« de la bibliothèque du peintre mulhousien H. Benner, auteur de la Collection de 24 portraits de la famille Impériale de Russie »*.

67. **COLLECTION DE CRIS ET COSTUMES** de Paysans et Paysannes de S^t Pétersbourg, dessinés d'après nature, par divers artistes de la capitale. *S^t Pétersbourg, de la Lithographie d'Alex. Plu-*

*chart,* 1823, 16 planches en feuilles, sous la couverture de livraison.

Même suite que le n° précédent, tirée en noir ; les planches et la couverture sont à toutes marges ; le libellé du titre est un peu différent comme on voit et porte de plus le *Permis d'imprimer* à la date du *19 Septembre 1823.*

68. TEUPKEN. Beschrijving hoedanig de koninklijke nederlandsche troepen en alle in militaire betrekking staande personen gekleed, geëquipeerd en gewapend zijn... gevolgd van 51... door J. F. Teupken. *In's Gravenhage en te Amsterdam, bij de Gebroeders Van Cleef,* 1823. — [Vervolg van de Beschrijving hoedanig... met eene nieuwe uitgave van achttien platen door J. F. Teupken. *Ibid., id.,* 1826], in-4, mar. bleu à grain long très richement décoré d'un rectangle or et à froid au centre, de compart. de fil. et dent. enfermant des motifs d'angles mosaïqués, chiffre couronné et pièces d'armes, feuillages laurés, médaillons à fond pointillé, dos orné, dent. int., doublure et gardes de satin blanc, tr. dor. (*Deflinne-Serre*), et le *Supplément* broché sous sa couverture originale en papier bleu ; étuis.

Ouvrage devenu très rare, surtout avec le *Supplément* ; il renferme en tout 68 planches num. de 1 à 68, gravées par *D. Sluyter, Bemme, Portman* et *Zürcher,* finement *coloriées* (sauf les 3 planches de broderies n^os^ 10, 11 et 12 lithographiées en noir), et une planche non num. de lits militaires, soit 69 pl.

Le recueil principal est complet des diverses parties de texte ; le Supplément ne renferme pas le titre gravé ni les 67 pages de texte, indiquées au catalogue Lipperheide, et d'ailleurs introuvables ; il contient la table précédant les planches.

Bel exemplaire dans une reliure mosaïquée de l'époque qui porte sur chaque plat et au dos, dans des médaillons lamés le chiffre W surmonté de la couronne royale (Guillaume d'Orange, dernier roi des Pays-Bas), et une ruche emblématique).

69. [EGERTON (M.)]. Airy nothings ; or, scraps and naughts, and odd-cum-shorts ; in a circumbendibus hop, step, and jump, by Olio Rigmaroll. Drawn and written by M. E. Esq. Engraved by Geo. Hunt. *London, published by Pyall and Hunt,* 1825, in-4, mar. violet clair à grain long, armoiries, dent., dos orné, dent. int., tr. rouges (*Rel. mod.*).

Volume très rare orné de 23 planches dessinées par *M. Egerton* gravées à l'aquatinte par *G. Hunt* et *coloriées*. Ces planches très fines d'exécution sont des plus pittoresques pour les scènes pleines d'humour qu'elles représentent et pour les costumes.

Devant le titre est relié un feuillet portant une dédicace calligraphiée et signée : *Presented to Mrs White of North-Parade. By her old friend.* Thos Sutcliffe. *Brown Hill, Burnley.* August. 1870.

Bel exemplaire, très frais.

70. CRIS DE PARIS. *Litho. de C. Motte, s. d.* (*vers* 1825), 8 pl. in-4, en feuilles dans un étui.

8 estampes lithographiées et *coloriées* numérotées de 1 à 8, portant à droite *litho. de C. Motte* (sauf la pl. 6 qui porte : *lithog. de Gondelier*) ; à gauche, en écriture très fine, remise à la main, *chez Martinet*. Légende au-dessous de chaque gravure.

71. LANTÉ ET GATINE. [Les Ouvrières de Paris]. *S. l. n. d.* (*Paris, vers* 1825), album in-4, dos de mar. rouge.

43 planches dessinées par *Lanté* gravées par *Gatine* et très finement *coloriées*.

Le recueil complet compte 47 planches ; manquent ici les pl. 31, 45, 46 et 47.

Dans cet album, 39 planches sont reliées sur onglets ; les

quatre dernières pl. (nos 41 à 44) sont ajoutées; elles sont plus courtes de marges.

Précieux exemplaire auquel on a ajouté vingt et une aquarelles originales de 21 pl. de l'album. Ces très belles aquarelles offrent de curieuses variantes de détail avec les planches gravées; plusieurs portent dans les marges des croquis d'étude du personnage, ou bien des pochades diverses disposées dans tous les espaces blancs; quelques-unes ont au verso d'autres croquis, et des touches de couleur. Enfin sur plusieurs de ces aquarelles moins poussées, le travail préparatoire de l'artiste reste parfaitement visible, la ligne du nu transparaissant sous les plis des draperies.

72. LANTÉ ET PÉCHEUX. Costumes des Femmes des Départements de la Seine-Inférieure, du Calvados, de la Manche et de l'Orne. (*Paris et Caen, vers* 1827), 2 vol. in-fol., mar. à grain long, tr. dor.

Recueil d'un frontispice et de 105 planches gravées par *Gatine* et coloriées.

Exemplaire dans lequel les planches sont au nombre de 148, soit les 105 planches de l'ouvrage, 40 planches en double offrant des différences de coloris, et 3 planches, *rares*, qui en répétant les nos 5, 13 et 15, présentent des sujets absolument différents.

Raccommodage aux planches 11, 18, 105; piqûre aux planches 46, 84, 86.

Sans le texte imprimé.

73. LANTÉ ET GATINE. — 29 planches in-fol., gravées et *coloriées*, dont le détail suit.

Gatine. *Travestissemens. S. l. n. d.* (*vers* 1825), 15 pl. nos 1, 2, 4, 6 à 16 (la pl. 12 est en double épreuve); toutes portent à droite la signature *Gatine sculpt.*

Lanté et Gatine. *Haute classe. S. l. n. d.* (*vers* 1826),

10 pl. num. de 5 à 14 (la dernière planche est courte de marges). — *Haute et moyenne classe* (*vers* 1826), 4 pl. num. de 1 à 4, dessinées par *Lanté*, gravées par *Gatine*.

Belles épreuves, d'un très beau coloris.

74. **LANTÉ ET PÉCHEUX.** [Costumes des femmes du Pays de Caux et de plusieurs autres parties de l'ancienne province de Normandie. 1827]. — 14 aquarelles, en feuilles dans un emboîtage.

TRÈS BELLES AQUARELLES ORIGINALES dont huit, particulièrement brillantes, sont dues à *Lanté*; elles ont pour fond un vaste paysage aux tonalités d'une grande fraîcheur. Ces aquarelles correspondent aux planches gravées du recueil sous la légende et les n$^{os}$ suivants :

LANTÉ. — N° 14. *Ouvrière de Rouen.* — N° 47. *Jeune fille d'Harcourt près Caen.* — N$^{os}$ 51 et 52. *Jeune fille de Bayeux* (2 costumes avec variantes et dans un paysage entièrement différent). — N° 65. *Costumes des environs de Dieppe.* — N° 78. *Costume de Coutances.* — N° 79. *Costume de Carentan.* — N° 85. *Costumes d'Avranches* (dans un paysage particulièrement ravissant avec le Mont S$^{t}$ Michel au fond). (Voir la reproduction).

Ces aquarelles mesurent environ 0$^{m}$,32 × 0$^{m}$,24; la première est un peu plus courte.

PÉCHEUX. — 6 aquarelles qui correspondent aux n$^{os}$ 6, 8, 9, 18, 25, 26 du recueil gravé; elles sont aussi fort jolies; chacune mesure environ 0$^{m}$,26 × 0$^{m}$,17; elles ont été remontées à clair, de format gr. in-4.

75. **LANTÉ ET GATINE.** Costumes des femmes de divers pays [de Hambourg, du Tyrol, de la Hollande, de la Suisse, de la Franconie, de l'Espagne, etc]. *Paris, chez l'éditeur,* (*Imp. Crapelet*), 1827, in-4, dérelié, dans un emboîtage.

Recueil de 100 planches (num. de 1 à 100) dessinées par *Lanté*, gravées par *Gatine* et très finement *coloriées*, avec un texte explicatif.

TRÈS BEL EXEMPLAIRE renfermant plus de la moitié des planches

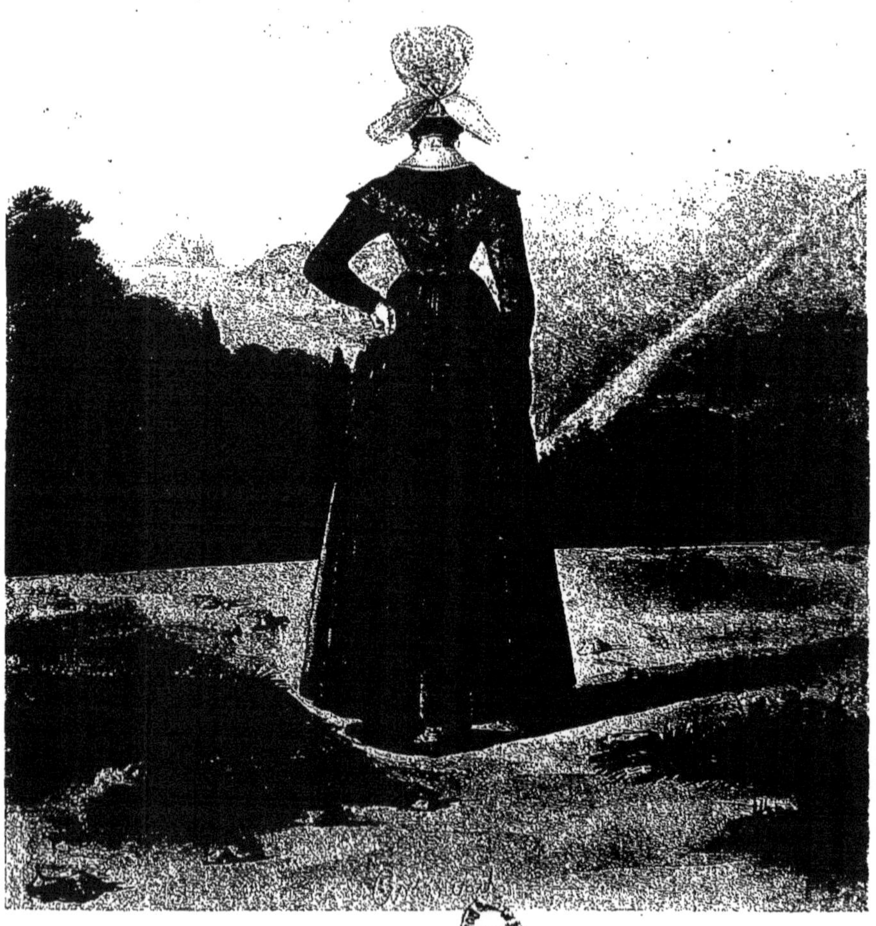

N° 72



IMP. CATALA FRÈRES, PAR

en *double* et parfois en *triple* épreuve avec légendes différentes et variantes dans le coloris. De plus on y trouve 6 planches *de la plus grande rareté*, en dehors de la série des 100 planches connues, qui en répétant les n[os] 18, 19, 51, 52, 53, 58, présentent des sujets absolument différents.

Au total 168 planches, toutes à grandes marges, quelques-unes sur papier légèrement moins fort.

Le texte qui fait si souvent défaut se compose ici d'un faux-titre et de 41 pages. Le titre manque.

76. LANTÉ ET GATINE. Galerie française de femmes célèbres par leurs talens, leur rang ou leur beauté. Portraits en pied dessinés par M. Lanté, gravés par M. Gatine et coloriés. Avec des notices. *Paris, chez l'éditeur*, 1827, in-4, dos et coins de chag. vert, dos orné, tr. dor., non rogné, étui.

70 planches gravées à l'eau-forte et finement *coloriées*.

PREMIER TIRAGE.

Quelques planches et feuillets plus courts, bien que non rognés ; le bas d'une planche paraît encollé ; cassure raccommodée à une autre ; quelques rousseurs.

77. MADOU (J.) et J.-J. EECKHOUT. [Costumes du peuple de toutes les provinces du royaume des Pays-Bas. *Bruxelles, chez Van den Burggraaff*, 1827], in-4 carré, dos de chag. violet, ébarbé.

52 lithographies *coloriées*, dont 46 par *Madou* et 6 par par *Eeckhout*.

BEL EXEMPLAIRE très rare complet de ses 52 planches. Après 1830, les deux suites réunies dans la première édition, telles qu'on les trouve ici, furent séparées en une suite de *Costumes des Pays-Bas*, et une suite de *Costumes Belges*.

Quelques planches ont uniformément jauni. L'exemplaire ne possède pas la couverture de livraison servant de titre.

78. PHILIPON (Charles). Suites de lithographies la plupart publiées

chez *Hautecœur-Martinet*, 1827-1830 ; au total 28 pl. in-fol., réunies dans un étui.

*La Semaine des Amours.* Suite complète de 7 pl. *coloriées*, sous la couverture originale, à toutes marges. *Très rare en cet état.*

*Déclarations.* 7 pl. *coloriées*, à toutes marges, num. 2 à 5, 8, 9 et 11.

*Esquisses Parisiennes.* 11 pl. *coloriées*, à toutes marges, num. 13 à 21, 23, 24.

*Papillons de France*, pl. *coloriée* publiée chez *Aubert*.

*Le Dessous du Chandellier*, pl. *coloriée* publiée chez *Gihaut*.

*Déclaration d'une grisette*, pl. publiée chez *Genty*. Epreuve en noir.

79. GREEVEN. Collection de costumes des provinces septentrionales du Royaume des Pays-Bas. Dessinés d'après nature par H. Greeven et lithographiés par H. Vallon de Villeneuve. *Amsterdam, Francois Buffa et fils*, 1828, in-4, mar. rouge à grain long, compart. de fil. et dent., dos orné, dent. int., tr. dor., étui (*Rel. anc.*).

Beau recueil de 20 planches lithographiées, *coloriées*, à deux et quelques-unes à trois personnages. Chaque planche est accompagnée d'un feuillet de texte français et anglais. Titre lithographié.

Table manuscrite des planches en français et en anglais à la fin de l'ouvrage.

Bel exemplaire, très frais, grand de marges, bien complet de tous les papiers de soie des planches. La reliure porte l'étiquette de *A. V. Rossum, Amsterdam*.

80. PINGRET (Ed.). [Costumes des Pyrénées dessinés d'après nature et lithographiés par Ed. Pingret. *Paris, Gihaut frères, s. d.* (1835)], in-4, dos et coins de chag. vert, plats de toile verte, le premier

LA SEMAINE DES AMOURS.

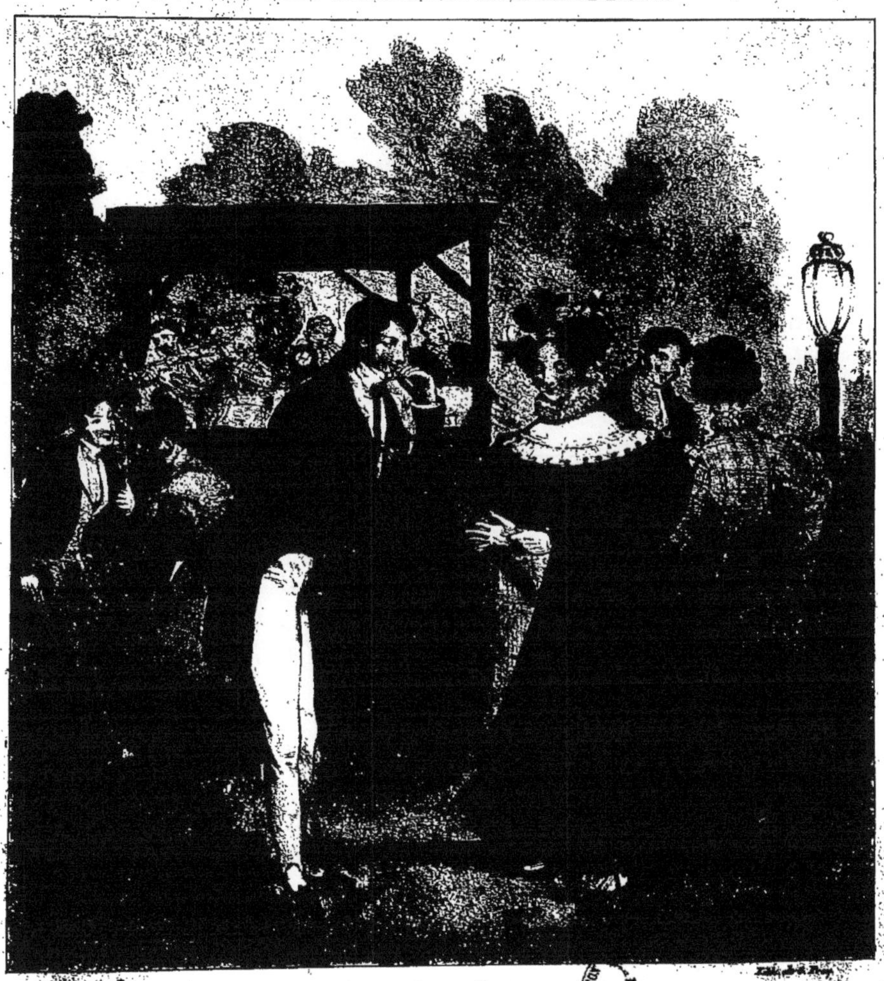

Philipon inv.t

*Le Lundi,*

La rencontre.

A Paris, chez Ostervald aîné, Edit.r quai des Augustins, N.° 37, et chez Hautecoeur-Martinet, rue du Coq-St Honoré.





IMP. CATALA FRERES, PARIS

porte l'inscription *Costumes des Pyrénées* en lettres dor., tête dor., non rogné, étui (*Rel. du milieu du XIXe siècle*).

Suite complète de 40 lithographies *coloriées*.
Sans le titre ou la couverture servant de titre. Quelques rousseurs ; quelques planches légèrement plus courtes.

81. DEVÉRIA. Costumes historiques de ville et de théâtre et travestissemens. *Paris, Goupil et Vibert, s. d.* (*vers* 1840), in-fol., chag. vert, compart. de rangs de fil., grands fleurons dor. dans les angles, dos orné, dent. int., non rogné, étui (*Rel. de l'époque*).

Beau recueil complet de ses 125 lithographies *coloriées*, num. de 1 à 121 ; les quatre dernières : portraits de Marie Taglioni, Rachel, Falcon et Fanny Elssler ne sont pas numérotées et manquent souvent.
Bel exemplaire dans une reliure un peu postérieure, très fraîche et décorée de fers très fins.
Premier plat de la couverture, très rare, relié en tête ; on a relié à la fin une table manuscrite datée de 1857.

82. FRAGONARD ET DUFEY. Types et caractères anciens d'après des documents peints ou écrits. Texte par M. A. Mazuy. *Paris, Delloye,* 1841, in-4, dos de chag. violet, plats de papier bleu décorés et portant le titre, ébarbé, étui (*Cartonn. de l'éditeur*).

20 planches lithographiées hors texte, tirées en couleurs sur fond teinté.
Quelques petits trous au dos du cartonnage.

83. MODES PARISIENNES (Les). Du n° 149, 4 janvier 1846 au 28 décembre 1861, 16 vol. in-4, cartonn., les 6 premiers dans le

cartonn. de l'éditeur, papier gris, vignette sur le premier plat, les autres en papier marb., ébarbés.

Belle publication dont toutes les planches sont dessinées par *Compte-Calix*, gravées sur acier, très finement *coloriées* et parfois rehaussées d'or et d'argent.

Les planches sont au nombre de 871 dont un très petit nombre de planches supplémentaires repliées, offrant des modèles en noir.

Manquent les n^os^ 210 du 7 mars et 214 du 4 avril 1847, le n° 344 du 1^er^ oct. 1849; les pages 817 à 830 et 853 à 865 de l'année 1853.

84. **DURA** (G.). Nuova Raccolta di Costumi e Vestiture di Napoli e suoi d'intorni disegnati da Gaetano Dura. *Napoli, Litog. Gatti e Dura*, (1850-1853), album in-4, dos de basane rouge orné, plats de papier rouge portant sur le premier plat en lettres dor : *Souvenir de Naples 1854*, ébarbé, étui (*Rel. de l'époque*).

Titre lithographié en or et couleur et 54 planches lithographiées et soigneusement *coloriées*.

Ces planches sont, les unes datées de 1850 à 1853; d'autres ne portent aucune date.

Ce recueil est rare.

85. **PAUQUET**. Modes et Costumes historiques dessinés et gravés par Pauquet frères d'après les meilleurs maîtres de chaque époque. *Paris, Aux Bureaux des Modes et Costumes historiques, Pauquet frères, s. d.* (1862), in-4, chag. brun, dos orné, dent. int., titre dor., non rogné, étui.

Recueil consacré aux modes françaises; il contient 96 planches gravées sur bois et *coloriées* à la main.

Reliure de l'époque qui porte l'étiquette de *Eenhaes, rue de l'Empereur à Bruxelles.*

Quelques planches sont légèrement plus courtes.

86. **JANET** (Gustave). La Mode artistique. Recueil de modes nouvelles coloriées et retouchées à l'aquarelle. Depuis le début, n° 1, janvier 1869 jusqu'au 1er sept. 1885, n° 400. *Paris, Bureaux de la Mode Artistique*, 1869-1885, 4 vol. gr. in-4, dos et coins de mar. noir, fil., dos ornés, têtes dor., non rognés, *couvertures.*

Belle collection, sans lacune, des 17 premières années de la *Mode Artistique* renfermant 400 planches lithographiées et très finement *coloriées.* Chaque tome contient 100 planches. Les feuillets de texte, à raison d'un f. par planche, ont été conservés à partir de la pl. 131 jusqu'à la dernière ; ils sont reliés à la fin de chaque tome (un seul f. manque pour la pl. 221) ; le premier plat des couvertures générales figure en tête de chaque vol.

La pl. n° 144 est en double.

Planches et texte sont montés sur onglets ; très bonne reliure.



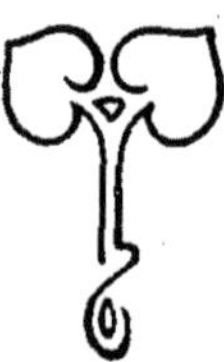

CHARTRES. — IMPRIMERIE DURAND, RUE FULBERT (3-1930).

www.ingramcontent.com/pod-product-compliance
Ingram Content Group UK Ltd.
Pitfield, Milton Keynes, MK11 3LW, UK
UKHW022132260726
13993UKWH00003B/1391